T0276352

POESÍA

173

POESÍA COMPLETA

Idea Vilariño

LUMEN

Papel certificado por el Forest Stewardship Council®

Primera edición con esta encuadernación: marzo de 2022
Segunda reimpresión: octubre de 2023

Travessera de Gràcia, 47-49. 08021 Barcelona

Printed in Spain – Impreso en España

ISBN: 978-84-264-2327-6
Depósito legal: B-1.038-2022

Compuesto en Fotocomposición 2000, S. A.
Impreso en Liberdúplex (Sant Llorenç d'Hortons, Barcelona)

H 4 2 3 2 7 A

NOTA SOBRE LA EDICIÓN

Este volumen reúne por primera vez la totalidad de la poesía de Idea Vilariño con un criterio de *Poesía completa*. Amplía sustancialmente la edición que fuera su más cercano precedente, *Poesía 1945-1990* (Cal y Canto, 1994), sumando a aquélla cuarenta y dos poemas no recogidos nunca antes en libro. Los márgenes temporales se prolongan en consecuencia por varios años, desde los que escribió antes de cumplir veinte años hasta su última creación, ya en el nuevo milenio.

Para el ordenamiento de su poesía se ha seguido la peculiar manera de edición que la poeta construyó a lo largo de su vida. Comparecen así, en orden de publicación, los ocho libros que ha editado, precedidos por un apartado dedicado a los primeros poemas que escribió y quedaron inéditos o dispersos en revistas y publicaciones periódicas. Los nuevos poemas se han integrado, según su afinidad antes que su fecha, a alguno de los libros. El ordenamiento de los poemas no es aquí –nunca lo ha sido en los libros de la autora– estrictamente cronológico. La crítica ha señalado con razón que la poesía de Idea no se define por etapas y evoluciones sino por una precoz rotundidad en el decir y una obsesiva fidelidad a unos pocos y esenciales núcleos temáticos. Esta edición incorpora, para conocimiento de lectores y estudio de investigadores que ya no deberán aceptar ciegamente aquel cierto aserto, la fecha de composición para la mayoría de los poemas y, en muchos casos, también el lugar donde fueron escritos. Más allá de estos afanes editoriales, deudores de la admiración y el cariño, lo demás es, ha sido siempre, poesía.

Los editores

POEMAS ANTERIORES

Ya en desnudez total
extraña ausencia
de procesos y fórmulas y métodos
flor a flor,
ser a ser,
aún conciencia
y un caer en silencio y sin objeto.

La angustia ha devenido
apenas un sabor,
el dolor ya no cabe,
la tristeza no alcanza.
Una forma durando sin sentido,
un color,
un estar por estar
y una espera insensata.

Ya en desnudez total
sabiduría
definitiva, única y helada.
Luz a luz,
ser a ser,
casi en amiba,
forma, sed, duración,
luz rechazada.

(1941)

Cuándo ya noches mías
ignoradas e intactas,
sin roces.
Cuándo aromas sin mezclas
inviolados.
Cuándo yo estrella fría
y no flor en un ramo de colores.
Y cuándo ya mi vida,
mi ardua vida,
en soledad
como una lenta gota
queriendo caer siempre
y siempre sostenida
cargándose, llenándose
de sí misma, temblando,
apurando su brillo
y su retorno al río.

Ya sin temblor ni luz
cayendo oscuramente.

(1941)

Sola
sola bajo el agua que cae y que cae.
Los ruidos se agrisan, termina la tarde,
y siento que añoro o deseo algo,
quizás una lágrima que rueda y que cae.

Sola bajo el agua que cae y que cae,
sola frente a todo lo gris de la tarde
pensando que añoro o deseo algo,
quizás una lágrima color de la tarde.

Sola bajo el agua,
sola frente al duelo sin luz de la tarde,
sola sobre el mundo, sola bajo el aire.

Sola,
sola y triste, lejos de todas las almas,
de todo lo tierno, de todo lo suave.
Silencio, tristeza, la muerte más cerca
en el marco triste y sin luz de la tarde.

(1937)

No sé qué hay en la tarde, en la luz, en el alma,
no sé si fue esa música dolorosa y fantástica
o si es este silencio perfumado y oscuro
o esta luz de crepúsculo perfumada y callada.

Me faltan tantas cosas que me duelen las manos
que se alargan dolientes, pálidas y vacías.
Da hasta miedo seguir
si con tan pocos años pesa tanto la vida.

Nunca tan cerca de la vida. Nunca.
Nunca tan grande como hoy la muerte,
sobre todo, ante todo, al fin de todo,
y yo, sintiéndome ir trágicamente.

La tarde que se muere se agiganta.
Yo me siento perdida.
Da hasta miedo seguir
si con tan pocos años pesa tanto la vida.

(1939)

Esperando, esperando.
Temblores de paloma
y tensiones magníficas.
Como un caer de hojas,
como un vaso de fuego
bebido lentamente.
Un silencio de lluvia,
una paz de redoma,
una ansiedad cerrada
alargada hasta dónde
y un desear la música
apasionadamente.
Las más pesadas gotas
indecisas hundiendo
el corazón, golpeando
dolorosas, terribles,
repentinas, pausadas,
cayendo largamente.

Como un ramo de flores oscuras
en el pecho.

(1941)

Mis manos
estas manos queridas
ya no saben
a qué cosa aferrarse.

Creía haber llegado.
Ser.
Dije que eso era todo.
Y lo es.

Pero
había olvidado algo
o renunciado
tranquilamente
a ello.

Y ahora
me pregunto
si en mis noches vacías
no anhelaré la estrella.

(1940)

Ahora soy una mano,
una mano tendida,
una mano vacía,
abierta, azul y helada.

Para qué las violetas
y para qué la vida.
Para nada.

Ahora soy unos ojos,
unos ojos sin llamas
que se alargan vacíos
en la luz desolada.

Para qué los jazmines
y para qué la vida.
Para nada.

¿Y las claras estrellas
y las hojas caídas
y los libros azules
y las cuerdas del arpa
y los brazos en alto
y las manos transidas
y los gritos del cuerpo

y los gritos del alma?
Ah, no sé, ya no sé.

He quemado mi frente,
he quemado
los candores más íntimos,
la más alta esperanza,
he quemado mis panes
y he quemado mis trigos,
he quemado mi tierra
y he quemado mi agua.

Y ahora qué.
Ah, los ojos,
estos ojos sin nada.

(1941)

Oye,
te hablo a duras penas,
con la voz destrozada.
Hace frío, estoy vieja
y nada vale nada.

Yo tenía un rosal lleno de rosas
y un vaso de miel clara
pero pensé pensé pensé,
y no me queda nada.

Yo me hundí en los días hondos, cálidos,
en mi alma perfumada,
en las noches absurdas y serenas.
Hoy me hundo en la nada.

Yo era tanto, tan bien, tan plenamente,
tan armoniosamente modelada,
y me deshice en piezas sin sentido
y casi no soy nada.

Ya no soy yo ni nadie.
Estoy deshecha, muerta,
no soy nada.

Pensé pensé pensé
y hoy ya no queda
más que esta pobre cosa destrozada.

(1941)

Hoy tengo el corazón frío y azul,
los ojos de neblina
y las manos heladas.

Ah, madre,
qué cansada estoy,
qué cansada.

Si ya no puedo más con este fardo
este fardo sombrío
que me he echado a la espalda.

Y estos que van conmigo
y que me escuchan
se miran y preguntan
¿De qué fardo nos habla?

Ah, madre,
no sabes cómo estoy
de cansada.

(1941)

La tarde es una inmensa gota gris
de un licor imposible que sobrepasó el ámbar.
Hundida en la penumbra yo quisiera decir
la tarde es una inmensa flor azul. Pero
la tarde es una inmensa gota gris
y yo no puedo nada.

La tarde cae y cae sobre mí
desde una inmensa cúpula de plata.
Entre la sombra espesa con olor a jazmín
soy una sombra espesa con olor a jazmín
que ya no espera nada.

La tarde es una inmensa gota gris
y es una inmensa cúpula de plata,
y yo qué soy, qué soy en la tarde sin fin.
Sólo la sombra espesa con olor a jazmín
de una sombra, de nada.

(1941)

Una lluvia pausada, alargada, serena,
envolvente, inquietante, sostenida, perfecta.
He dejado la música, ahogué todas las voces
para escuchar la suya que suena tenazmente
como un hilo de plata dentro de un viejo odre.

Y me digo, rendida, sin voz, pausadamente,
que la lluvia cayendo hace un ruido de gente
cayendo sobre el mundo a lo ancho de los siglos
acompasadamente.

Dentro de mí no hay ruidos.
Hay cántaros vacíos, campanarios en ruinas,
hogueras apagadas, hay agotadas minas
blancos ojos de estatua, grandes estrellas huecas,
relojes sin agujas y libros sin palabras
y violines sin cuerdas.

Y un silencio espantoso en que cae la música
armoniosa, cansada, perfecta, de la lluvia
con un ruido de perlas contra el fondo de un cofre,
con un ruido de alas, de dedos; con un ruido
monótono, angustioso, ancestral, monocorde.

(28 de octubre de 1941)

Hoja caída, hoja
marchita, llama helada
y gris y lisa y gris.
Hoja caída, hoja
caída, llama helada.

El viento, sólo el viento
en las tardes heladas.
No el cierzo, el viento gris.
El viento, sólo el viento
de las tardes heladas.

Es la antigua, de siempre,
inútil, necesaria,
fatal, eterna vuelta
de todo, como siempre,
inútil, necesaria.

Y ella cumple, la hoja
caída, hoja caída,
marchita, llama helada.
Permanece, una hoja
sin vida, hoja caída.

Y nada más.
No.
Nada.

(1941)

Después de haber amado tanto todo
y de haberlo tenido y de saberlo,
después de haber andado lentamente
con los ojos cerrados, o corriendo,
y de haber dicho cosas inefables
o deshechas y turbias, o amarillas,
de haber sido de todos y de nadie,
qué en la luz con las manos heridas.
Después del ala tensa y el descenso,
del sueño en re y el despertar dolido,
de la rosa de plata y la hoja seca,
de las voces azules y del grito,
con los ojos espléndidos quebrados
y las horas repletas ya vacías
y los pobres pies mudos desgarrados,
qué en la luz con las manos heridas.

(1941)

Todo el cuerpo hacia qué
como un ramo de lilas,
como una rosa roja,
como un jazmín sediento.
Todo el cuerpo hacia qué.
Lluvia sobre ceniza
los días, aunque, a veces,
cenizas en el viento.
Y hacia quién se sostiene
la noche, como un arco
sin flechas, como un arco
sin flechas pero tenso.
Hacia qué o hacia quién
estas noches de barco
sin destino, de barco
sin destino y sin puerto.
Los ojos sólo ven
lluvia sobre ceniza,
los días, y las noches,
vacíos arcos tensos.
Pero el cuerpo hacia quién
como un ramo de lilas,
como una rosa roja,
como un jazmín sediento.

(1942)

Haberse muerto tanto y que la boca
quiera vivir un poco todavía
y que el cuerpo, los brazos y la boca
y que las noches cálidas, los días
ciegos, y el frío sin sexo de la aurora...
Haberse muerto tanto y de tal modo
y sostener un nombre todavía
y una voz que se afirma y se alza en números.
Haberse muerto tanto y que los lilas,
y las tintas azules y las rojas
y las hojas, las rosas y las lilas...

(1942)

Nadie podría decirte, árbol seco,
alta rama desnuda y azulada.
La melodía es triste y a lo lejos
en una vana luz desesperada,
yo, esta casa vacía, estos espejos,
este rodar por cuencas señaladas,
este caer de fruta, estar de fruta
y deshacerse al fin en tierra amarga.

(1941)

A Manuel Claps

I

Lo que siento por ti es tan difícil.
No es de rosas abriéndose en el aire,
es de rosas abriéndose en el agua.
Lo que siento por ti. Esto que rueda
o se quiebra con tantos gestos tuyos
o que con tus palabras despedazadas
y que luego incorporas en un gesto
y me invade en las horas amarillas
y me deja una dulce sed doblada.
Lo que siento por ti, tan doloroso
como la pobre luz de las estrellas
que llega dolorida y fatigada.
Lo que siento por ti, y que sin embargo
anda tanto que a veces no te llega.

(1942)

II

Los cristales de un agua refinada y purísima
y el cielo azul combado, de un oriente perfecto,
se tendían en una serena, sostenida
alta calma de pájaro inmóvil contra el cielo.

La noche iba alargando sus raíces calladas
hacia el agua sombría que enterraba los árboles
en un silencio terso y arqueado que flotaba
esfumando las voces y oscureciendo el aire.

Llegué a creer eterna la tarde que moría
en tanto nuestras sombras con las frentes unidas
soñaban una vaga magnolia de dos pétalos.

Y cuando rojos últimos coronaron el cielo
de la ciudad absurda, como un halo de sangre,
sentimos vagamente que éramos de carne.

(1942)

III

El mar no es más que un pozo de agua oscura,
los astros sólo son barro que brilla,
el amor, sueño, glándulas, locura,
la noche no es azul, es amarilla.

Los astros sólo son barro que brilla,
el mar no es más que un pozo de agua amarga,
la noche no es azul, es amarilla,
la noche no es profunda, es fría y larga.

El mar no es más que un pozo de agua amarga,
a pesar de los versos de los hombres,
el mar no es más que un pozo de agua oscura.

La noche no es profunda, es fría y larga;
a pesar de los versos de los hombres,
el amor, sueño, glándulas, locura.

(1942)

IV

El día va creciendo hacia ti como un fuego
desde el alba desnuda demudada de frío.
El día va creciendo hacia ti como un fuego,
como una flor de carne celeste, como un río.

El día va creciendo hacia ti como un fuego
y cuando caes en mí los abismos me nombran.
El día va creciendo hacia ti como un fuego.

Mar de olvido, profundo océano de sombra,
tú me haces también noche absoluta y sin ecos,
mar de olvido, profundo océano de sombra.

Tú ciernes dulcemente sobre mi cuerpo herido
mar de olvido, profundo océano de sombra
y voy siendo a medida que borras mi destino
mar de olvido, profundo océano de sombra.

(1942)

V

Ahora me mataste la lumbre y la serpiente
y el cielo es gris y opaco y gris, como conviene,
ahora que no hay nada ni nadie para el alba
y sólo lo amarillo, lo de todos, se alza,
ahora que va el frío desde un polo hasta el otro
y que en cualquier estrella hay más luz que en nosotros,
que se mueren de frío los gritos de las gentes
pero el río y los peces y el río no se mueren,
ahora yo te pido mi guadaña de plata
para segar las mieses que el frío dejó intactas,
que si empuño la única guadaña todo el oro
helado, gris y helado será para nosotros.

(1941)

VI

Rosa dulce, mi mano
de pana tibia es ruda sobre tus sienes pálidas,
mi honda ternura en vano me torna fina y cálida
al doblarme, celeste, sobre tu boca muda.
Te he hablado de mis dudas
sobre el metal lejano y candente de tu acento,
de lo inhumano en fuga por tus dientes, del lento
prestigio de tu frente, de la luz de tus manos.
Te canté, todo, en planos
escuetamente míos. Pero, óyeme, no alcanza.
Ya no sonrío ahora. La vida es una lanza
quebrada. La vida es vana y triste, amor mío,
y vaga un viento frío
que apagará estos astros que mueren de cansancio
y el débil rastro mío y el tuyo y el del rancio
perfume de estos días, grises piedras que gasto,
monótono balasto.
Pero tú tienes algo, no sé, esa luz inválida
que da en tus labios vagos. La vaga aristocracia
que desmaya las cosas bajo tus dedos largos,
ese resabio amargo
que tus más dulces besos me dejan en la boca,
el brillo denso que hace cristales de las rocas
cuando tú me las dices, la tensión de tu cuerpo,

su perfume secreto.
Milagro: barro y puro. Pero, óyeme, no alcanza.
Son tan duros los astros, las cosas son tan blandas,
y las piedras, las bestias, los árboles son mudos.
Y hay un resplandor crudo
que despoja a la vida de sus rosas más grávidas
o que gravita hastiando aun las bocas más ávidas
o que a su luz mortal ya las frentes transidas
no comprenden la vida.
Pero te amo, misterio, dulce enigma de barro.
Te amo y tal vez la noche. Pero, óyeme, no alcanza.

(1942)

Tal vez no era pensar, la fórmula, el secreto,
sino darse y tomar perdida, ingenuamente,
tal vez pude elegir, o necesariamente
tenía que pedir sentido a toda cosa.
Tal vez no fue vivir este estar silenciosa
y despiadadamente al borde de la angustia
y este terco sentir debajo de su música
un silencio de muerte, de abismo a cada cosa.
Tal vez debí quedarme en los amores quietos
que podían llenar mi vida con un nombre
en vez de buscar al evadido del hombre,
despojado, sin alma, ser puro, esqueleto.
Tal vez no era pensar, la fórmula, el secreto,
sino amarse y amar, perdida, ingenuamente.
Tal vez pude subir como una flor ardiente
o tener un profundo destino de semilla
en vez de esta terrible lucidez amarilla
y de este estar de estatua con los ojos vacíos.
Tal vez pude doblar este destino mío
en música inefable. O necesariamente...

(1942)

Este dolor, raíz, esencia de este
pobre cuerpo que habito, que soy,
que me hace ser,
este dolor sin ecos,
de pétalo arrancado,
que a veces totalmente se vacía en mi forma,
que es como una ventana cerrada al infinito.
Este dolor oscuro, rasgado, delirante,
este dolor que a veces tiene mi misma forma,
que me hace creer que soy,
sin cuerpo, sin sentidos, sin dolor,
sólo un grito en la sombra.
Este dolor de fuego quemando mis paredes,
consumiendo mis noches en su llama amarilla,
este dolor de grito desgarrado,
de luna destrozada.
Este dolor, mi vida, esta agonía.
Este dolor, mi cuerpo.

(1942)

El cielo triste y caliente, indolente, bajo, claro,
en un gesto de cansancio, pesado, oblicuo, tendido
como otra conciencia sobre la del hombre fatigado,
el cielo bajo y caliente, el cielo indolente, digo,
pesando sobre los árboles y su temblor detenido
y sus pájaros sellados, los árboles en suspenso,
quietos, el cielo bajo y pesado, el viento dormido,
el viento dormido, el cielo bajo y pesado y quieto.
El silencio estaba inmóvil apoyándose en las hojas
para no turbar la calma magnífica de las cosas.
Cuando, de pronto, increíble, insólito, apenas, cálido,
casi imperceptible, leve, desde el fondo de la tarde,
un suave soplo ligero se desvaneció, y cuando,
las hojas se estremecieron como si fueran de carne.

(1942)

En el lecho, fragante,
curvado como una tibia luna menguante,
el cuerpo ya en el ciego color del abandono,
va recordando ríos, matas color de otoño,
senderos deslumbrantes apenas insinuados,
ramas de vago vino, álamos de oro vago,
altos árboles solos
y cielos, mares blancos, pianos delicadísimos
al caer de la tarde, estrellas candorosas,
silencios macerados con hojas olorosas,
con sangre de los pinos negra, fragante, fuerte,
ascendiendo hondamente con un olor de muerte.
Un suave llanto de oro
terco, tenaz, dorado, callado, silencioso,
vuelca en el aire triste la pena de los árboles,
las mañanas les prestan su candor a las tardes,
a la luna de otoño, pero ahondando las pulcras,
frías noches desgarradas, tiemblan las hondas uvas
del deseo, que arden,
y la idea, el aliento sereno de la nada.
Entonces entre el ansia terrible de las cosas
y el aire que lo envuelve entre sus frías losas,
arqueado como una tibia luna menguante,
triste luna acabada, el cuerpo ya sin sangre
no comprende las rosas.

(1943)

Sí. Hay una mujer que a veces abre un piano
o se abraza a un violín melancólicamente
o que dibuja cardos o que tiene unas manos
pálidas y sufridas
que escriben al crepúsculo frases incoherentes
que peinan cada noche sus cabellos de bronce
y bañan cada día sin luz su cuerpo vano.
Ella habla con las gentes, ella ríe, hasta come
y también tiene un nombre que tal vez es un eco
pero nadie la paga su precio sobrehumano
cuando tiende a los hombres sus ofertas de fuego.
Ella misma se acepta con su forma y su vida
como un hecho sencillo, concreto, definido
y los hombres la buscan, la hieren o la olvidan,
sin verla, sin saberla,
aunque a veces la amaron hombres de ojos sombríos.
Sí. Existe una mujer, un nombre, una manera
de vestirse, de andar o de ordenar los versos,
una cosa que piensa en frías noches en vela
que si fuera un par de ojos
y no toda esa luna que devuelve el espejo...

(6 de enero de 1942)

Envuelta en la penumbra, taciturna, caída,
los ojos doloridos, las manos afiebradas,
pasando levemente como una flor subida
y prematuramente sentida y arrancada.

Siempre digo lo mismo.
Siempre digo lo mismo.

Echada aquí en la sombra que ya es casi tiniebla
voy llenando afiebrada las blancas hojas ávidas.
No me muevo, no sufro, no resisto, no lucho,
me abandono en silencio sin gritos y sin lágri-
mas.

(1941)

Quiero morir. No quiero oír ya más campanas.
La noche se deshace, el silencio se agrieta.
Si ahora un coro sombrío en un bajo imposible,
si un órgano imposible descendiera hasta donde.
Quiero morir, y entonces me grita estás muriendo,
quiero cerrar los ojos porque estoy tan cansada.
Si no hay una mirada ni un don que me sostengan,
si se vuelven, si toman, qué espero de la noche.
Quiero morir ahora que se hielan las flores,
que en vano se fatigan las calladas estrellas,
que el reloj detenido no atormenta el silencio.
Quiero morir. No muero.
No me muero. Tal vez
tantos, tantos derrumbes, tantas muertes, tal vez,
tanto olvido, rechazos,
tantos dioses que huyeron con palabras queridas
no me dejan morir definitivamente.

(1944)

Está solo, lejano,
se está muriendo solo en la alta noche,
está solo, es hermoso,
lo obsesionan el mar, la muerte, los relojes,
lo obsesiona mi nombre
pero olvida las sombras de mis ojos.
Cabo de las tormentas,
ahora que he doblado,
qué importa, qué me importa
que está muriendo lejos,
que se siga muriendo lejano en la alta noche
qué importa, qué me importa que se muera
y piense estoy viviendo.
El tiempo no es un río que canta
es un pantano.
Él se va terminando,
yo también,
todo, todo,
él se va terminando en la noche
y yo lo amo
y quisiera, quisiera.
No es un río que corre,
lo cruzamos,
nos vamos deshaciendo,
sus manos,
su obsesión por los nombres, las cosas, el silencio

y esa palabra Tiempo que le oprime la frente.
Nos vamos deshaciendo.
Ah, tomarse de algo.
Él se muere, se muere.

(1944)

Roca de soledad,
adónde ahora,
derrumbes en silencio y corazón abajo,
flores que mueren rápida,
terriblemente,
flores,
lágrimas detenidas al borde de la lágrima
y gesto amargo,
cómo desenlazar los brazos
cómo caminar,
cómo
decir aquello, tanto,
juventud, sol, caricias,
frutas enloquecidas por un olor ligero,
campanas dilatadas,
estrellas encendidas,
tercos dioses luchando por quedarse en mi pecho,
manos juntas
y nombres
que ya no diré nunca.

(1943)

Si hubiera tiempo, el tiempo
podría ser un mar
y los días, las olas.
Si hubiera dios, si hubiera,
dios podría ser un mar
y sus gestos, las olas.
Si hubiera, si pudiera,
si aún pudiera llorar,
lloraría al tiempo, a dios
y a tantos otros muertos.

(1943)

LA SUPLICANTE

VERANO

Mediodía

Transparentes los aires, transparentes
la hoz de la mañana,
los blancos montes tibios, los gestos de las olas,
todo ese mar, todo ese mar que cumple
su profunda tarea,
el mar ensimismado,
el mar,
a esa hora de miel en que el instinto
zumba como una abeja somnolienta...
Sol, amor, azucenas dilatadas, marinas,
ramas rubias sensibles y tiernas como cuerpos,
vastas arenas pálidas.
Transparentes los aires, transparentes
las voces, el silencio.
A orillas del amor, del mar, de la mañana,
en la arena caliente, temblante de blancura,
cada uno es un fruto madurando su muerte.

Tarde

Cuerpos tendidos, cuerpos
infinitos, concretos, olvidados del frío
que los irá inundando, colmando poco a poco.
Cuerpos dorados, brazos, anudada tibieza
olvidando la sombra ahora estremecida,
detenida, espectante, pronta para emerger
que escuda la piel ciega.
Olvidados también los huesos blancos
que afirman que no es un sueño cada vida,
más fieles a la forma que la piel,
que la sangre, volubles, momentáneas.
Cuerpos tendidos, cuerpos
sometidos, felices, concretos,
infinitos...
Surgen niños alegres, húmedos y olorosos,
jóvenes victoriosos, de pie, como su instinto,
mujeres en el punto más alto de dulzura,
se tienden, se alzan, hablan,
habla su boca, esa un día disgregada,
se incorporan, se miran con miradas de eternos.

La noche

Es un oro imposible de comprender, un acabado
silencio que renace y se incorpora.
Las manos de la noche buscan el aire, el aire
se olvida sobre el mar,
el mar cerrado,
el mar,
solo en la noche, envuelto
en su gran soledad,
el hondo mar agonizando en vano…
El mar oliendo a algas moribundas y al sol,
la arena a musgo, a cielo, el cielo
a estrellas. La alta noche sin voces
deviniendo en sí misma, inagotada y plena,
es la mujer total con los ojos serenos
y el hombre silencioso olvidado en la playa,
el alto, el poderoso, el triste,
el que contempla,
conoce su poder que crea, ordena el mundo,
se vuelve a su conciencia que da fe de las cosas,
y el haz de los sentidos le limita la noche.

(1944)

LA FLOR DE CENIZA

El amor… ah, qué rosa.
Tenla, sostenla, súbele aguas dulces y puras,
vela la milagrosa ascensión del perfume
y esa niebla de fuego que se le dobla en pétalos.
El amor… ah, qué rosa, qué rosa verdadera.
Ah, qué rosa total, voluptuosa, profunda,
de tallo ensimismado y raíces de angustia,
desde tierras terribles, intensas, de silencio,
pero rosa serena.
Tenla, sostenla, siéntela, y antes que se derrumbe
embriágate en su olor,
clávate en las espadas del amor, esa flor,
esa rosa, ilusión,
idea de la rosa,
de la rosa perfecta.

(1944)

EL OLVIDO

Cuando una boca suave boca dormida besa
como muriendo entonces,
a veces, cuando llega más allá de los labios
y los párpados caen colmados de deseo
tan silenciosamente como consiente el aire,
la piel con su sedosa tibieza pide noches
y la boca besada
en su inefable goce pide noches, también.
Ah, noches silenciosas, de oscuras lunas suaves,
noches largas, suntuosas, cruzadas de palomas,
en un aire hecho manos, amor, ternura dada,
noches como navíos...
Es entonces, en la alta pasión, cuando el que besa
sabe ah, demasiado, sin tregua, y ve que ahora
el mundo le deviene un milagro lejano,
que le abren los labios aún hondos estíos,
que su conciencia abdica,
que está por fin él mismo olvidado en el beso
y un viento apasionado le desnuda las sienes,
es entonces, al beso, que descienden los párpados,
y se estremece el aire con un dejo de vida,
y se estremece aún
lo que no es aire, el haz ardiente del cabello,
el terciopelo ahora de la voz, y, a veces,
la ilusión ya poblada de muertes en suspenso.

(1944)

LA SUPLICANTE

I

Concédeme esos cielos, esos mundos dormidos,
el peso del silencio, ese arco, ese abandono,
enciéndeme las manos,
ahóndame la vida
con la dádiva dulce que te pido.

Dame la luz sombría, apasionada y firme
de esos cielos lejanos, la armonía
de esos mundos sellados,
dame el límite mudo, el detenido
contorno de esas lunas de sombra,
su contenido canto.

Tú, el negado, da todo,
tú, el poderoso, pide,
tú, el silencioso, dame la dádiva dulcísima
de esa miel inmediata y sin sentido.

II

Estás solo, lo mismo.
Yo no toco tu vida, tu soledad, tu frente.
Soy para ti como otra oscuridad, otra noche,

anticipo de muerte,
lo que en el día frío el hombre espera, aguarda,
y llega y él se entrega a la noche, a una boca,
y el olvido total lo ciega y lo anonada.

Sin límites, la noche,
pura, despierta, sola,
solícita al amor, ángel de todo gesto...

Estás solo, lo mismo.
Ebrio, lúcido, azul, olvidado del alma,
concédete a la hora.

III

Esta sazón de fruta que tú me diste, esta
llamarada de luna, durable miel inmóvil,
te sitúa y te cerca,
amigo de la noche, sagrado camarada
de las horas de amor y de silencio.

Sin luz, apenas, sin aliento,
sueño
ese incienso divino que me quemas,
sueño ascendiendo abismos con vértigos de sombra,
naufrago en la caricia, alta marea muda.
Ya velado tu rostro entre líneas de niebla
los ojos se te ahogan en climas de delicia
y rueda por la noche tu pensamiento inerte,
entonces el deseo sube como una luna,
como una pura, rara, melancólica,

clara,
luna definitiva, peldaño de la muerte.
Vas derramando oro,
vas alzando ceniza,
vas haciendo palomas de los tallos sensibles,
y hojas de oro caliente que se incorporan desde
y nubes de ceniza que se deshacen sobre
la caricia que crece.

(1944)

CIELO CIELO

CIELO CIELO

La noche cubre mundo ahonda todo
desde tu valle espanto al magdalena.
Quiera que pueda dios unirse algo
la levadura rota y el presente
y que en esos los muertos que hablan tanto
intacten flor distinta de las otras
y te la ofrezcan alta ¡y te la ofrezcan!

Ella la ella ella la corvada
la de la hoz de mies dispuesta a tanto
a las plantas volcada de los hombres
que se dan se le daban se le siguen
se dejarían dar si nadie acude
que noche ahonda y cubre y une en lejos
estar tocados por la misma ésta.

Cada uno lo sabe mas se vuelve
veicalla suave se da vuelta si ve o no
el cielo se hace el blanco cielo cielo
y vuelcan todos rastros de memoria
hongos quedándose en el aire atentos
y en tanto nadie nadie nadie nadie
dice esta noche que nos toca a todos.

(1947)

CALLARSE

Estoy temblando
está temblando el árbol desnudo y en espejos
cantando
y cantando está la luna
riendo
sin silencios
la lírica y romántica
flauta y en cielo en hoz
por vez primera
se abren su luz cereza y el estiércol.
No se pueden quejar ni las mañanas
ni el ardiente sopor que por lo estéril
no canto más no canto
ni puedo deshacer en primavera
ni negarla y beber
ni matar sin querer
ni andar a tientas
ya que el aire está duro
y hay monedas locuras
esperando
la marca del agua
en desazón riendo
riéndose riendo.
Ah si encono si entonces
ya no quiero
ya no puede se pasa nunca alcanza

una ola se vaga la marea
se desconcierta así
y el sol no existe aquí más que en palabras.
Pero en cambio en el cielo
caben muchas pero muchas. A veces
se molestan se muerden
en los labios.

(1945)

EL QUE COME NOCHE

Hombre tu boca
canta
bebes estrellas hombre
te devoras la noche
mientras cantas
desdeñado el cielo de dios de la sonrisa.
Bebes
tu boca canta
en la más pura ley número blanco
hondo número blanco y entregado
a la mano de piedra
a la mano del resplandor inerte
a la del canto y cantas
y he aquí que la vida
he aquí que la muerte
su tijera cansada.
Oh nume número número blanco y piedra
tigre florido almendra
de amargura.
Qué canta así qué busca
qué busca así qué salta
de la boca del verde controlado
de la boca de ver de la del verde
de la de verde canto y paz y blanca piedra
qué busca así qué canta
qué canta así qué acento.

Oh nume número número blanco y piedra
tarea sin grandeza
amarga obra escuela
de silencio.

(1945)

ELLA CIERRA LOS OJOS

Romántica
cabellos de azafrán y ojos de duelo
toda tormenta gris. Estaba loca.
Camino de la noche la marea
o camino del alma la inmolada
la sin luz la de amor la desolada
camino del candor la estremecida
la que odia y consiente
la que busca y no encuentra
el gusto aquel iluminado y puro
aquella sed del aire
devorada la noche mirada devorada
incomprendida y rota
amante amando sin sonrisas.
Era de soledad. Estaba loca.
Cómo entrar a ese tiempo sosegado
tocarle el corazón decirle amado
sustituye tu nombre busca el oro
tocarle la mirada desatarle
horas sin prisa y días desmedidos.
Camino de la noche
sin medida
camino del asombro
acaba su estación y se disuade.

(1945)

SOMBRA LLANTO

De luz intensa por volver
aún y tú y antes que el día
y que la noche y que
y sin milagro alguno
sin otra vez
campana blanda
aire macizo y dulce lleno de llanto
no se encuentran se encuentran
sin miradas
lleno de llanto todo aire macizo
boca de piel de ah de vida hastiada
renegada de cuanto no le es boca
llena de hastío y de dolor y de
vida de sobra
dada tirada así llena de llanto
de música o lo mismo
de materia de aire pesado y dulce
de canto temblor pánico
de hastío sí
de espanto sí de miedo triste.

(1947)

PARAÍSO PERDIDO

PARAÍSO PERDIDO

Lejano infancia paraíso cielo
oh seguro seguro paraíso.
Quiero pedir que no y volver. No quiero
oh no quiero no quiero madre mía
no quiero ya no quiero no este mundo.
Harta es la luz con mano de tristeza
harta la sucia sucia luz vestida
hartas la voz la boca la catada
y regustada inercia de la forma.
Si no da para el día si el cansancio
si la esperanza triturada y la alta
pesadumbre no dan para la vida
si el tiempo arrastra muerto de un costado
si todo para arder para sumirse
para dejar la voz temblando estarse
el cuerpo destinado la mirada
golpeada el nombre herido rindan cuentas.
No quiero ya no quiero hacer señales
mover la mano no ni la mirada
ni el corazón. No quiero ya no quiero
la sucia sucia sucia luz del día.
Lejano infancia paraíso cielo
oh seguro seguro paraíso.

(1947)

POR AIRE SUCIO

LOS CIELOS

Se cae de los árboles
se cae la del otoño
la lenta primavera que sube por setiembre
y se mira los dedos
las rosadas señales
el viejo simulacro de fuegos y paredes.

Se cae la del otoño
le cae un encendido
el aire amargo del
el aire amargo
la sospecha de un ángel devorante
una fruta de horror
un signo ardiente.

El mundo cae en sí
la cara cae
hincan los dientes en
piden muy poco
pero cuesta ya cuesta dar entonces
recoger el amor que cae de los árboles
que cae la el dolor
tener silencio
o tocar las inmensas bolsas solas
y salir dando voces por los cielos.

(1949)

TRABAJAR PARA LA MUERTE

El sol el sol su lumbre
su afectuoso cuidado
su coraje su gracia su olor caliente
su alto
en la mitad del día
cayéndose y trepando por lo oscuro del cielo
tambaleándose y de oro
como un borracho puro.

Días de días noches temporadas
para vivir así para morirse
por favor por favor
mano tendida
lágrimas y limosnas
y ayuda y favores
y lástimas y dádivas.
Los muertos tironeando del corazón.
La vida rechazando
dándoles fuerte con el pie
dándoles duro.
Todo crucificado y corrompido
y podrido hasta el tuétano
todo desvencijado impuro y a pedazos
definitivamente fenecido
esperando ya qué
días de días.

Y el sol el sol
su vuelo
su celeste desidia
su quehacer de amante de ocioso
su pasión
su amor inacabable
su mirada amarilla
cayendo y anegándose por lo puro del cielo
como un borracho ardiente
como un muerto encendido
como un loco cegado en la mitad del día.

(1950)

POEMA CON ESPERANZA

Cuando el paje que roba robaba
y el que canta cantaba
y el que deshace y mata
iba a matar con desazón y lujo
sabiendo y sin embargo
cuando entonces dios mío
cuando entonces dios mío
era cruel y era así y era cansado
y daba
no la cara la máscara
y puños entendían
y dientes entendían si hay que cortar con fuerza
y tijera o taladro
o sonrisa sabían
se sabía
sabíamos
cuando entonces la noche.
Y en cambio un paso es frágil
en cambio la mañana
el fantasma rosado que le ríe en los dientes
y la cama que es mesa o es el más pavoroso
es hondo o es desastre
o angustia sin medida
y las flores devoran hasta el aire del sueño
y llueve entre la almohada
y no se puede

y no
y nada nada
era una suave y nada de todo cuanto entonces
cuanto entonces dios mío.
Ni tampoco se quiere
ni la harina perdida va a compensar el año
y el año ríe tanto que no entiende no entiende
pero los otros nunca
porque se va apretando sin darles tiempo el cielo
despacio
como quiere,
pero los otros nunca
y hasta respiran poco por eso de las flores
y unos hombres esperan
que terminen los siglos porque eso ya es inútil
y otros que sea no
que sea no ya ahora
aunque a veces dios mío
aunque a veces dios mío.

(1948)

POR AIRE SUCIO

Luna que sale sí luna que sale
azorada en un aire de impureza
apartando carbón y esquirlas de oro
tapándose los ojos con la niebla
y que sale y que vuela y se levanta
y que cae golpeándose y que rueda.
Apártate la capa de basura
la de basura sí luna que vuela
la piedra de pegar de tropezar
la escoria de la cal luna que rueda
y el cartón la pintura y el cartón
la pasta azul la verde la violeta
la pestaña y la uña artificiales
el tacón los rellenos las monedas
y éntrate sola y pura como un clavo
y dolorosamente y a la fuerza
en rebeldía entregada en ese muro
glacial donde termina la existencia.

(1950)

NOCTURNOS

QUÉ FUE LA VIDA

Qué fue la vida
qué
qué podrida manzana
qué sobra
qué desecho.

Si era una rosa
si era
una nube dorada
y debió florecer
liviana
por el aire.

Si era una rosa
si era
una llama feliz
si era cualquier cosa
que no pese
no duela
que se complazca en ser
cualquier cosa
cualquiera
que sea fácil
fácil.

No pudo consistir en corredores
en madrugadas sórdidas
en asco
en tareas sin luz
en rutinas
en plazos.
No pudo ser
no pudo.

No eso
lo que fue
lo que es
el aire sucio de la calle
el invierno
las faltas varias las
miserias
el cansancio

en un mundo desierto.

(1956)

HASTA CUÁNDO

Hasta cuándo los gestos
las señas las palabras
la sabida comedia
la mascarada atroz
esta triste aventura
de ser cálido y fuerte
y andar entre las cosas
inanimadas frías
a cuyo estado un día
llegaremos sin duda.

SI NO QUIERO

Si no quiero
si no estoy esperando
si es mentira
si lo hago por vivir
por ir pasando
si estoy aquí sin sueños
sin esperanzas y
sin nada que me sirva
ni le sirva a la vida
y los miro sin asco
con paciencia
y me digo
se creen todo se
dedican a la vida
sufren
no dudan nunca
miran besan se ríen
y sin sospechar nada
aseguran que aman.

(1952)

EL DESDÉN

Arcángel de ala negra
de ala cerrada que
de boca pura y desdeñosa
de hambre
de frío y de desdén
de galón de dolor
de estopa sollozante
arrastrado
sin luz
partido en dos
arcángel.

(1950)

ESO

Mi cansancio
mi angustia
mi alegría
mi pavor
mi humildad
mis noches todas
mi nostalgia del año
mil novecientos treinta
mi sentido común
mi rebeldía.
Mi desdén
mi crueldad y mi congoja
mi abandono
mi llanto
mi agonía
mi herencia irrenunciable y dolorosa
mi sufrimiento
en fin
mi pobre vida.

(1950)

VEN

Si fuera un ángel negro
o una madre
si se pudiera hablarle
convocarla
como hacían los poetas
–ven muerte ven que espero–
si fuera un dios voraz
alguien que oyera alguien
que comprendiera
toda esta noche
toda
estaría invitando
estaría ofreciendo
estaría clamando
rompiendo el aire el techo el cielo
con mi voz
ven muerte ven
que espero.
Toda esta noche
toda
hasta que al fin
oyera.

(1958)

NOCHE DE SÁBADO

Todo el aire
los cielos
el vasto mundo ebrio
dan vueltas y más vueltas y más alrededor
de este cuarto esta cama
esta luz esta hoja.
Toda la vida
toda
vibra frágil y densa
o brilla por ahí
o se rompe en lo oscuro.
Toda la vida vive
toda la noche es noche
el mundo mundo
todos
están afuera están
fuera de aquí
de mi ámbito
para todos es sábado
es la noche del sábado
y yo estoy sola sola
y estoy sola
y soy sola
aunque a veces
a veces

un sábado de noche
me invada a veces una
nostalgia de la vida.

(13 de junio de 1959)

UNA VEZ

Soy mi padre y mi madre
soy mis hijos
y soy el mundo
soy la vida
y no soy nada
nadie
un pedazo animado
una visita
que no estuvo
que no estará después.
Estoy estando ahora
casi no sé más nada
como una vez estaban
otras cosas que fueron
como un ciclo lejano
un mes
una semana
un día de verano
que otros días del mundo
disiparon.

(1953)

ANDAR DICIENDO MUERTE

Si alguien dijera ahora
aquí estoy y tendiera
una mano cautiva que se desprende y viene
la tomaría
creo.
Si no estuviera aquí
si fuera adonde viven las gentes
a lugares violentos donde se vive o muere
y viviera o muriera de una vez
no diría
qué soledad
qué horrible soledad
cada noche.
Me callaría
a qué
andar hablando a qué
andar diciendo muerte
cuando la vida estalla
andar diciendo muerte
cuando vaya a encontrarla
al volver una esquina.

(1953)

NOCHE DESIERTA

Noche desierta
noche
más que la noche todo
el vacío espantable de los cielos
cercándome mi noche
o mi cuarto mi cama
mis pocos años míos
de sangre piel respiración
de vida
quiero decir
mi vida fugaz
mis pocos años.
Y nadie a quien poder
abrazarse llorando.

(3.30 h, 10-11 de mayo de 1960)

SI MURIERA ESTA NOCHE

Si muriera esta noche
si pudiera morir
si me muriera
si este coito feroz
interminable
peleado y sin clemencia
abrazo sin piedad
beso sin tregua
alcanzara su colmo y se aflojara
si ahora mismo
si ahora
entornando los ojos me muriera
sintiera que ya está
que ya el afán cesó
y la luz ya no fuera un haz de espadas
y el aire ya no fuera un haz de espadas
y el dolor de los otros y el amor y vivir
y todo ya no fuera un haz de espadas
y acabara conmigo
para mí
para siempre
y que ya no doliera
y que ya no doliera.

(5 de septiembre de 1952)

LA OTRA

Si yo digo
me temo
por espanto
si digo
no me gusta
por horror
y no podré esta tarde
por dejarme morir
y nunca puedo
no
no quiero no soporto
decir verdad decir
exactamente
dónde encontrarme y quién
soy de noche en mi casa
con los ojos cerrados
o cuando va a sonar la hora de la muerte
y me quedo sin voz
enterrada en mi aire
invulnerable y ciega.

(1951)

SE ESTÁ SOLO

Solo como un perro
como un ciego un loco
como una veleta girando en su palo
solo solo solo
como un perro muerto
como un santo un casto
como una violeta
como una oficina de noche
cerrada
incomunicada
no llegará nadie
ya no vendrá nadie
no pensará nadie en su especie de muerte
no llamará nadie
nadie escucharía sus gritos de auxilio
nadie nadie nadie
no le importa a nadie.
Como una oficina o un santo o un palo
incomunicado
solo como un muerto en su caja doble
golpeando la tapa y aullando
y en casa
los deudos ingieren neurosom y tilo
y por fin se acuestan
y al otro la muerte le tapa la boca
se calla y se muere y le arrecia la noche

solo como un muerto como un perro como
como una veleta girando en su palo
solo solo solo.

(12 de enero de 1951)

QUIÉNES SON

Alma, Azul, Poema, Numen

Quiénes son quiénes son
metidos en mi vida
imponiendo ternura
espectros como yo
momentáneos y vanos
iguales a las hojas que pudre cada otoño
y no dejan memoria.
Quiénes son quiénes son.
Son éstos y no otros
de antes de después
frutos de muerte son
sin remedio sin falta
irremisiblemente
antes o después
muertos
tan fugazmente cálidos alentando y erguidos
y amando por qué no
sin conjugarse nunca
amando sin pavor
la otra alma el otro cuerpo
la otra efímera vida.
Quiénes son quiénes son.
Qué camada de muertos para el suelo que pisan
qué tierra entre la tierra mañana
y hoy en mí
qué fantasmas de tierra obligando mi amor.

(1953)

CERRADA NOCHE HUMANA

Aquí estoy entregada en
la oscura humana noche
sin nadie más
sin nadie
ni esperanza de vida
en la vacía negra sola
cerrada noche
sin nadie
sin un voto ni una razón ni un pero.
La sombra entera ciega
limita indiferente
envuelve indiferente
mi soledad mi vida
pura
de nadie
absorta
en su propio callado desapegado abismo
hundida en el silencio
alcanzando la plena
cerrada noche humana
sin nada sin argollas
sin cielo sin sonrisas
sin amor sin belleza
donde está donde es
donde dura se queda
ensimismada

sola
vacía
en paz
de nadie.

(1955)

VOLVER

Quisiera estar en casa
entre mis libros
mi aire mis paredes mis ventanas
mis alfombras raídas
mis cortinas caducas
comer en la mesita de bronce
oír mi radio
dormir entre mis sábanas.
Quisiera estar dormida entre la tierra
no dormida
estar muerta y sin palabras
no estar muerta
no estar
eso quisiera
más que llegar a casa.
Más que llegar a casa
y ver mi lámpara
y mi cama y mi silla y mi ropero
con olor a mi ropa
y dormir bajo el peso conocido
de mis viejas frazadas.
Más que llegar a casa un día de éstos
y dormir en mi cama.

(1954)

DE NUEVO

De nuevo está la muerte
rondando y como antes
escrupulosamente
me roe todo apoyo
me quiere fiel y libre
me aparta de los otros
me marca
me precisa
para mejor borrarme.

(1950)

PASAR

Quiero y no quiero
busco
un aire negro un cieno
relampagueante
un alto
una hora absoluta
mía ya para siempre.
Quiero y no quiero
espero
y no
y desespero
y por veces aparto
con todo olvido todo abandono toda
felicidad
ese día completo
esa huida ese más
ese desdén entero
esa destituida instancia
ese vacío
más allá del amor
de su precario don
de su no
de su olvido
esa puerta sin par
el solo paraíso.
Quiero y no quiero

quiero
quiero sí y cómo quiero
dejarlo estar así
olvidar para siempre
darme vuelta
pasar
no sonreír
salirme
en una fiesta grave
en una dura luz
en un aire cerrado
en un hondo compás
en una invulnerable
terminada figura.

(1951)

LA SOLEDAD

Esta limitación esta barrera
esta separación
esta soledad esta soledad la conciencia
la efímera gratuita cerrada
ensimismada conciencia
esta conciencia
existiendo nombrándose
fulgurando un instante
en la nada absoluta
en la noche absoluta
en el vacío.
Esta soledad
esta vanidad la conciencia
condenada
impotente
que termina en sí misma
que se acaba
enclaustrada en su luz
y que no obstante se alza
se envanece
se ciega
tapa el vacío con cortinas de humo
manotea ilusiones
y nunca toca nada
nunca conoce nada
nunca posee nada.

Esta ausencia distancia
este confinamiento
esta desesperada
esta vana infinita soledad
la conciencia.

(13 de enero de 1959)

QUIÉN

Quién
yo
o esa estera caída
esa desalojada
yo ese fruto comido
yo esa alfombra arrumbada.
Quién
yo
aquélla o ésta
la entenada o la muerta
la ilesa o la acabada
la impúdica doncella
o este cascajo puro.
Yo cualquiera
yo enferma
yo nadie
ésta o aquélla
o qué sé yo
quién
nadie
cualquiera aquí muriéndose.

(diciembre de 1950)

NOCHE SIN NADIE

Noche sin nadie noche en la espesura
de la sombra que niega
tanto fervor y tanta
desperdiciada vida.
Noche cerrada y ciega
sin nadie
en la locura
de una pasión entera fracasando en la sombra
dándose con las cuatro paredes
con la hora
y además con la ausencia
y además además
con la soledad cierta de implacable certeza
y pasión sin objeto
y además consumida
y además ya sin fuerzas
y además y además
abatida en sí misma
enterrada en la noche
fracasando en el sueño.

(3 de octubre de 1953)

ENUMERANDOLÓ

Enfermedad y frío
y tristeza cerrada
y días días días
enfermedad tristeza
cansancio enfermedad.
Aire helado abandono
frío fatigas penas
ninguna carta nadie
miserias y limosnas
remedios notas cuentas.
Viento sur tercer piso
madrugadas horribles
noches perdidas
penas
y días días días
viento miseria frío
enfermedad tristeza.

(1953)

ABANDONO Y FANTASMAS

Ay que ay qué dolor qué dolor llanto
de siniestro denuedo
de honda entera
luz de sombra desgarrada al salirse
al irse
corazón
al diablo al negro.
Hay mucho que temer
hay ay más llanto
hay más triste esperar que ayer había
muertes chicas y grandes
en un rincón debajo
de una silla o más lejos
en el cuarto de al lado
en lo oscuro del miedo.
Alguien llama
ven ya
un reptante un alado
una sombra mujer ansianhelante
un hombre
un animal obsceno
una especie sombría
un ser de celo y miedo
un qué
un armatoste

haciéndose pasar por tu causa de llanto
por un fantasma amado
que de pena y espanto abrasaría.

(1951)

NO HAY NINGUNA ESPERANZA

No hay ninguna esperanza
de que todo se arregle
de que ceda el dolor
y el mundo se organice.
No hay que confiar en que
la vida ordene sus
caóticas instancias
sus ademanes ciegos.
No habrá un final feliz
ni un beso interminable
absorto y entregado
que preludie otros días.
Tampoco habrá una fresca
mañana perfumada
de joven primavera
para empezar alegres.
Más bien todo el dolor
invadirá de nuevo
y no habrá cosa libre
de su mácula dura.
Habrá que continuar
que seguir respirando
que soportar la luz
y maldecir el sueño
que cocinar sin fe

fornicar sin pasión
masticar con desgano
para siempre sin lágrimas.

(1955)

A LA NOCHE

Inútil estrellar
colmena enloquecida
dame tu soledad
tu eternidad helada
tu tinta ciega tu ancha
y estúpida maniobra.
Lo que sea con tal
de que vele los ojos
de que tape la boca
lo que venga con tal
de que no sea el día
que no sean los hombres
sus oscuros revólveres
sus manos extendidas.
Dame el agua violenta de tu pozo
tu abismo tu ceguera
tus horrores
dame la soledad
la muerte el frío
todo
todo antes que este sucio
relente de los hombres.

(1952)

MÁS SOLEDAD

Como una sopa amarga
como una dura cucharada atroz
empujada hasta el fondo de la boca
hasta golpear la blanda garganta dolorida
y abrir su horrible náusea
su dolorosa insoportable náusea
de soledad
que es soledad
que es forma del morir
que es muerte.

(1954)

EL MIEDO

Es amarillo afuera
ay dios
es amarillo
como un pájaro seco
hiriente y desplumado
como qué
doloroso.

Tiene miedo la tarde
tiene horror la mañana
el día que lastima
o se tiñe de estiércol
o se afila los dientes.

La noche hace una casa
negra pura y de todos.
La noche hace una casa
pero el terror golpea
y la llena de ojos.

Es amarillo afuera
ay dios
es amarillo
como un pájaro muerto
como una aguja de oro
de hielo

como un grito.
Es amarillo afuera.

Y adentro es amarillo.

(1972)

CUANDO COMPRE UN ESPEJO

Cuando compre un espejo para el baño
voy a verme la cara
voy a verme
pues qué otra manera hay decidme
qué otra manera de saber quién soy.
Cada vez que desprenda la cabeza
del fárrago de libros y de hojas
y que la lleve hueca atiborrada
y la deje en reposo allí un momento
me miraré a los ojos con un poco
de ansiedad de curiosidad de miedo
o sólo con cansancio con hastío
con la vieja amistad correspondiente
o atenta y seriamente mirareme
como esa extraña vez –mis once años–
y me diré mirá ahí estás
seguro
pensaré no me gusta o pensaré
que esa cara fue la única posible
y me diré ésa soy ésa es idea
y le sonreiré dándome ánimos.

(7 de febrero de 1965)

ES NEGRO

Es negro para siempre.
Las estrellas
los soles y las lunas
y pingajos de luz diversos
son pequeños errores
suciedad pasajera
en la negrura espléndida
sin tiempo
silenciosa.

(1978)

LO QUE SIENTE LA MANO

Lo que siente la mano
lo que carga
que sostiene
no es mi frente mi piel mi inteligencia
es el hueso gentil
la calavera
con sus tibios disfraces
con sus órbitas
por el momento llenas
con la suelta mandíbula que un día
remedará la risa
ese día en que deje tirados por ahí
mi esqueleto liviano
mi cráneo regular
y quede yo
mis labios y mis pies
mi pelo mis mejillas
mis ojos mi color
y todo lo que fui
lentamente
obviamente
pudriéndose
pudriéndose
volviéndose ceniza.

(septiembre de 1968)

Y SEGUIRÁ SIN MÍ

Y seguirá sin mí este mundo mago
este mundo podrido.
Tanto árbol que planté
y versos que escribí en la madrugada
y andarán por ahí como basura
como restos de un alma
de alguien que estuvo aquí
y ya no más
no más.
Lo triste lo peor fue haber vivido
como si eso importara
vivido como un pobre adolescente
que tropezó y cayó y no supo
y lloró y se quejó
y todo lo demás
y creyó que importaba.

(Las Toscas, 1979)

TODO ES MUY SIMPLE

Todo es muy simple mucho
más simple y sin embargo
aun así hay momentos
en que es demasiado para mí
en que no entiendo
y no sé si reírme a carcajadas
o si llorar de miedo
o estarme aquí sin llanto
sin risas
en silencio
asumiendo mi vida
mi tránsito
mi tiempo.

(1962)

LA NOCHE

La noche pozo suave
y atorado de sueños
soporta aun la cuota
de otro y la rebasa.
La noche que es eterna
que ignora el sol y el bárbaro
simulacro del día
que perdura intocada.
Su tinta como un ácido
destruye las miserias
que a la hora veinticuatro
cada día le arroja.
La noche pozo suave.

(noviembre de 1955)

NO

No debiera escribirlo
no debiera quedarme
sufriendo aquí
sintiendo
el horror del vacío
dejando que yo
que esto
se haga vértigo
náusea.
Tendría que volverme
tendría que reírme
y de una vez
dejarlo.

(abril de 1962)

BASTA

No más
no más castigo
no más la costra de odio
golpeándonos la cara
no más chorros de espanto
de basura
cada suave mañana
cuando abrimos al mundo
apagados oídos ojos limpios
diciéndonos que no
que nunca a nadie más
que nunca a nadie
nos tocará les tocará
nos volverá a golpear la boca.
Pero ahí está esa voz.
Pero ahí está la náusea.
No despertarse más
volverse a la pared
basta
basta
morirse.

(16 de noviembre de 2001)

QUÉ TENGO YO QUE VER

Si pudiera saber
qué diablos tengo yo
que ver con todo esto
si no se me acosara
acorralara
a toda hora a toda voz
en todas circunstancias y momentos
y pudiera saber
pensar un poco
aplicada y serenamente en qué
en qué demonios en
qué diablos tengo
yo
que ver con todo esto.

(3 de diciembre de 1976)

LA ÚLTIMA PALABRA

Para Jorge

Que no me importa
digo repito explico
que no me importa
grito
que no me importa.
No me importa
no quiero
diré otra vez que no
retraeré la mano
no volveré a aceptar.
Digo que no me importa
y aunque me desdijera
seguiría siendo esa
la única verdad
la última palabra.

(1964)

A CALLARSE

Qué puedo decir
ya
que no haya dicho
qué puedo escribir
ya
que no haya escrito
qué puede decir nadie
que no haya
sido dicho cantado escrito
antes.
A callar.
A callarse.

(27 de marzo de 1987)

ESTO

Esto que va que viene
que llevamos traemos
de un lado a otro
huesitos ganglios médulas
la voz el tacto dulce
el cristalino
el pubis
esto que cada noche
guardamos
frágil cosa
todo esto
qué es esto
sangre
aliento
piel
nada.

(2 de febrero de 2002)

ES CLARO

Está claro que yo
un día de éstos sea
una muda tierrita
un poco de basura
que no sea
pero cómo aceptar que ellos míos,
que su polvo de ellos
no la vea
que no la toque con un dedo suave
la roce con la punta de la lengua
que no sepa
no sepa.

(14 de enero de 1998)

LOS ADIOSES

Morirse
no morirse
y estarse triste repartiendo adioses
moviendo
adiós
apenas
el pobre corazón como un pañuelo.

(2001)

POEMAS DE AMOR

A Juan Carlos Onetti

UN HUÉSPED

No sos mío
no estás
en mi vida
a mi lado
no comés en mi mesa
ni reís ni cantás
ni vivís para mí.
Somos ajenos
tú
y yo misma
y mi casa.
Sos un extraño
un huésped
que no busca no quiere
más que una cama
a veces.
Qué puedo hacer
cedértela.
Pero yo vivo sola.

(30 de abril de 1960)

LA PIEL

Tu contacto
tu piel
suave fuerte tendida
dando dicha
apegada
al amor a lo tibio
pálida por la frente
sobre los huesos fina
triste en las sienes
fuerte en las piernas
blanda en las mejillas
y vibrante
caliente
llena de fuegos
viva
con una vida ávida de traspasarse
tierna
rendidamente íntima.
Así era tu piel
lo que tomé
que diste.

(1962)

ENTRO EN EL JUEGO

Entro en el juego
juego
hago de cuenta
voy
te sigo me sonrío
me desentiendo me
abandono me olvido
cuando estás
cuando me amas
pero cuando ya no
aún no
qué difícil
quererte.

(abril de 1960)

ESCRIBO PIENSO LEO

Escribo
pienso
leo
traduzco veinte páginas
escucho las noticias
escribo
escribo
leo.
Dónde estás
dónde estás.

(Las Toscas, 1968)

EL TESTIGO

Yo no te pido nada
yo no te acepto nada.
Alcanza con que estés
en el mundo
con que sepas que estoy
en el mundo
con que seas
me seas
testigo juez y dios.
Si no
para qué todo.

(23 de abril de 1960)

EL ENCUENTRO

Todo es tuyo
por ti
va a tu mano tu oído tu mirada
iba
fue
siempre fue
te busca te buscaba
te buscó antes
siempre
desde la misma noche
en que fui concebida.
Te lloraba al nacer
te aprendía en la escuela
te amaba en los amores de entonces
y en los otros.
Después
todas las cosas
los amigos los libros los fracasos
la angustia los veranos las tareas
enfermedades ocios confidencias
todo estaba marcado
todo iba
encaminado
ciego
rendido
hacia el lugar

donde ibas a pasar
para que lo encontraras
para que lo pisaras.

(1959)

LA NOCHE

La noche no era el sueño
era su boca
era su hermoso cuerpo despojado
de sus gestos inútiles
era su cara pálida mirándome en la sombra.
La noche era su boca
su fuerza y su pasión
era sus ojos serios
esas piedras de sombra
cayéndose en mis ojos
y era su amor en mí
invadiendo tan lenta
tan misteriosamente.

(La Habana, 1968)

TE ESTOY LLAMANDO

Amor
desde la sombra
desde el dolor
amor
te estoy llamando
desde el pozo asfixiante del recuerdo
sin nada que me sirva ni te espere.
Te estoy llamando
amor
como al destino
como al sueño
a la paz
te estoy llamando
con la voz
con el cuerpo
con la vida
con todo lo que tengo
y que no tengo
con desesperación
con sed
con llanto
como si fueras aire
y yo me ahogara
como si fueras luz
y me muriera.
Desde una noche ciega

desde olvido
desde horas cerradas
en lo solo
sin lágrimas ni amor
te estoy llamando
como a la muerte
amor
como a la muerte.

(1957)

UN VERANO

Hago muecas a veces
para no tener cara de tristeza
para olvidarme
amor
para ahuyentar mis duros
mis crueles pensamientos.
Cómo he de hacer
amor
para vivir aún
para sufrir aún
este verano.
Pesa mucho
me pesa como si el mar pesara
con su bloque tremendo
sobre mi espalda
me hunde
en la más negra tierra del dolor
y me deja
ahí deshecha
amor
sola ahí
tu abandono.

(1955)

NO TE AMABA

No te amaba
no te amo
bien sé que no
que no
que es la luz
es la hora
la tarde de verano
lo sé
pero te amo
te amo esta tarde
hoy
como te amé otras tardes
desesperadamente
con ciego amor
con ira
con tristísima ciencia
más allá de deseos
o ilusiones
o esperas
y esperando no obstante
esperándote
viendo
que venías
por fin
que llegabas
de paso.

(1958)

EN NOCHES DE LA TIERRA

Con amor corroído desplazando
una pierna cansada
con cansancio
apurando sin ganas
las cosas de la vida
repitiendo que sí
asintiendo pasando
repitiendo la noche
apartando la sombra
dejando
viendoló
de párpado pestaña iris sombrío
de mirada
de piel
duro
metálico
de otro
de amor o no
relampagueante
mirado ciega e
interminablemente
sin luz y sin pasión
así pensando
con un brazo dormido recorriendo
distancia hasta alcanzar párpados tibios
con temblor con calor

con miedo
párpados
entre un frío mortal de noches de la tierra.

(1954)

DÓNDE

Dónde el sueño cumplido
y dónde el loco amor
que todos
o que algunos
siempre
tras la serena máscara
pedimos de rodillas.

(1970)

ENTRE

Entre tus brazos
entre mis brazos
entre las blandas sábanas
entre la noche
tiernos
solos
feroces
entre la sombra
entre las horas
entre
un antes y un después.

(3 de octubre de 1970)

HOMBRE

Hombre
conciencia
cuerpo
gesto mirada voz
torre
tierra
cadena
y abrigo abrazo mano
y precio
y premio
y marca.

(1959)

MALDITO SEA EL DÍA

Maudite soit la nuit.
C. B.

Aplastadas las horas la resaca
del día por lo alto en lamparones
quedándose en el aire
de las estrellas para acá
colgando
y tú y yo y tú pisando lo del día
es decir olvidando la memoria
es decir tú y yo y tú
nosotros mismos
por una vez
por fin
después de todo
dejado todo aquello por el aire
desembocando enteros como piedras
en el agua
en el ámbito intacto de una noche
que no alcanzaba nadie
como piedras
arrastradas rodando por un lecho
musgoso y bien cavado por los siglos.

(1949)

NADIE

Ni tú
nadie
ni tú
que me lo pareciste
menos que nadie
tú
menos que nadie
menos que cualquier cosa de la vida
y ya son poco y nada
las cosas de la vida
de la vida que pudo ser
que fue
que ya nunca podrá volver a ser
una ráfaga
un peso
una moneda viva y valedera.

(1952)

CARTA I

Como ando por la casa
diciéndote querido
con fervorosa voz
con desesperación
de que pobre palabra
no alcance a acariciarte
a sacrificar algo
a dar por ti la vida
querido
a convocarte
a hacer algo por esto
por este amor inválido.
Y eso es todo
querido.
Digo querido y veo
tus ojos todavía pegados a mis ojos
como atados de amor
mirándonos mirándonos
mientras que nos amábamos
mirándome tus ojos
tu cara toda
tú
y era de vida o muerte
estar así
mirarnos.
Y cierro las ventanas diciéndote

querido
querido y no me importa
que estés en otra cosa
y que ya no te acuerdes.
Yo me estoy detenida
en tu mirar aquel
en tu mirada aquella
en nuestro amor mirándonos
y voy enajenada por la casa
apagando las luces
guardando los vestidos
pensando en ti
mirándote
sin dejarte caer
anhelándote
amándote
diciéndote querido.

(1952)

ESTOY TAN TRISTE

Estoy tan triste como
si te hubieses muerto
no puedo sonreírme
pues
contigo
ni hablar de qué sé yo
ni dar detalles.
Puedo sólo sufrir
por los días perdidos
por lo imposible ya
por el fracaso.

(1958)

ESTOY AQUÍ

Estoy aquí
en el mundo
en un lugar del mundo
esperando
esperando.
Ven
o no vengas
yo
me estoy aquí
esperando.

(1952)

TANGO

Yo vengo por la calle
compro pan
entro en casa
hay niebla y vengo triste
tu amor es una ausencia
tu amor digo mi amor
amor que quedó en nada.
Subo las escaleras
repasando esa historia
y me quedo en lo oscuro
tras de la puerta
amarga
pensando no pensando
en tu amor
en la vida
en la soledad que es
única certidumbre.

(1957)

YA NO

Ya no será
ya no
no viviremos juntos
no criaré a tu hijo
no coseré tu ropa
no te tendré de noche
no te besaré al irme
nunca sabrás quién fui
por qué me amaron otros.
No llegaré a saber
por qué ni cómo nunca
ni si era de verdad
lo que dijiste que era
ni quién fuiste
ni qué fui para ti
ni cómo hubiera sido
vivir juntos
querernos
esperarnos
estar.
Ya no soy más que yo
para siempre y tú
ya
no serás para mí
más que tú. Ya no estás
en un día futuro

no sabré dónde vives
con quién
ni si te acuerdas.
No me abrazarás nunca
como esa noche
nunca.
No volveré a tocarte.
No te veré morir.

(1958)

QUÉ ME IMPORTA

Qué me importa el amor
lo que pedía
era tu ser entero para mí
en mí
en mi vida
aunque no te tuviera
aunque en días semanas meses años
no tuviera aquel dulce olor a flores
de tu piel suave usada
que me daba
todo el amor del mundo.
Lo demás
el amor
qué importaba
qué importa.

(abril de 1965)

PUEDE SER

Puede ser que si vieras Hiroshima
digo Hiroshima mon amour
si vieras
si sufrieras dos horas como un perro
si vieras
cómo puede doler doler quemar
y retorcer como ese hierro el alma
desprender para siempre la alegría
como piel calcinada
y vieras que no obstante
es posible seguir vivir estar
sin que se noten llagas
quiero decir
entonces
puede ser que creyeras
puede ser que sufrieras
comprendieras.

(1964)

VIVE

Aquel amor
aquel
que tomé con la punta de los dedos
que arrastré por los suelos
que dejé que olvidé
aquel amor
ahora
en unas líneas que
se caen de un cajón
está ahí
sigue estando
sigue diciendomé
está doliendo
está
todavía
sangrando.

(mayo de 1970)

CALLE INCA

Faroles inca ruben
subiendo por la cuesta
flores de paraíso por el suelo
la escuela
mil novecientos cuánto
la esquina las estrellas.
El jardín inca ruben
tibio escalón silencio
ramas entrelazadas
una hormiga subiendo.
Tibio frío la luna
las estrellas sin cuento.
Olor a tierra ruben
jazmín y madreselva
los laureles rosados
los helechos la verja.
Frío ruben lo oscuro
olor de aquellas flores
de aquellos años fiestas.
Una hormiga subiendo
–faroles inca ruben–
su camisa celeste.

(1950)

COMPARACIÓN

Como en la playa virgen
dobla el viento
el leve junco verde
que dibuja
un delicado círculo en la arena
así en mí
tu recuerdo.

(1966)

CANCIÓN

Quisiera morir
ahora
de amor
para que supieras
cómo y cuánto te quería.
Quisiera morir
quisiera
de amor
para que supieras.

(28 de noviembre de 1955)

NO MIRASTE

Es verdad que entendés
o ése es tu juego
comprender
ver
saber
o de verdad podés ver con mis ojos
y si ves con mis ojos
cómo no lo ves todo
no seguís hasta el fondo
no llegás hasta el fin
hasta tocar la nada
y si ves con mis ojos
y si tanto entendés
cómo no viste en ellos
cómo cómo no viste
no miraste
un pequeño animal que pedía aire
que ardía
se asfixiaba
se moría.

LA LIMOSNA

Abre la mano y dame
la dulce dulce miga
como si el dios si el viento
si el ardiente rocío
como si nunca
oye
abre la mano y dame
la dulce sucia miga
o dame acaso el tierno
corazón que sustentas.
La piel no ni el cabello
mezclado ni el aliento
ni la saliva ni
todo lo que resbala ajeno
por la piel.
No si es posible
si oyes
si estás si yo soy alguien
si no es una ilusión
una lente alocada
una burla sombría
abre la mano y dame
la sucia sucia miga
como si el dios si el viento

si la mano que abre
que distrae el destino
nos concediera un día.

(1949)

CARTA II

Estás lejos y al sur
allí no son las cuatro.
Recostado en tu silla
apoyado en la mesa del café
de tu cuarto
tirado en una cama
la tuya o la de alguien
que quisiera borrar
–estoy pensando en ti no en quienes buscan
a tu lado lo mismo que yo quiero–.
Estoy pensando en ti ya hace una hora
tal vez media
no sé.
Cuando la luz se acabe
sabré que son las nueve
estiraré la colcha
me pondré el traje negro
y me pasaré el peine.
Iré a cenar
es claro.
Pero en algún momento
me volverá a este cuarto
me tiraré en la cama
y entonces tu recuerdo
qué digo
mi deseo de verte

que me mires
tu presencia de hombre que me falta en la vida
se pondrán
como ahora te pones en la tarde
que ya es la noche
a ser
la sola única cosa
que me importa en el mundo.

(1954)

NO SUPISTE

Pobre mi amor
creíste
que era así
no supiste.
Era más rico que eso
era más pobre que eso
era la vida y tú
con los ojos cerrados
viste tus pesadillas
y dijiste
la vida.

(6 de octubre de 1963, 3 h)

QUÉ LÁSTIMA

Qué lástima
que sea sólo esto
que quede así
no sirva más
esté acabado
venga a parar en esto.

Qué lástima que no
pudiéramos
sirviéramos
que no sepamos ya
que ya no demos más
que estemos ya tan secos.

Qué lástima
qué lástima
estar muertos
faltar
a tan hondo deber
a tan preciada cita
a un amor tan seguro.

(1952)

YO QUISIERA

Yo quisiera llorando
decírtelo
mostrarte
decirte destrucción
y que tú me entendieras
o decirte se fue
el verano se fue
o decirte
no te amo
y que tú me entendieras.

(26 de marzo de 1952)

O FUERON NUEVE

Tal vez tuvimos sólo siete noches
no sé
no las conté
cómo hubiera podido.
Tal vez no más que seis
o fueron nueve.
No sé
pero valieron
como el más largo amor.
Tal vez
de cuatro o cinco noches como ésas
pero precisamente como ésas
tal vez
pueda vivirse
como de un largo amor
toda una vida.

(La Habana, 1968)

CARTA III

Querido
no te olvides
de que te espero siempre
cada noche te espero
estoy aquí
no duermo
no hago nada sino eso
te espero
te espero.
Da la una.
Cierro entonces la puerta
el amor
la esperanza
y en la sombra
en la noche
con los ojos desiertos
miro sin ver
sin quejas
sin pena
la pared.
Duramente la miro
hasta que viene el sueño.

(octubre de 1959-febrero de 1960)

ADIÓS

Adiós.
Salgo como de un traje
estrecho y delicado
difícilmente
un pie
después despacio
el otro.
Salgo como de bajo
un derrumbe
arrastrándome
sorda al dolor
deshecha la piel
y sin ayuda.
Salgo penosamente
al fin
de ese pasado
de ese arduo aprendizaje
de esa agónica vida.

(1961)

QUIERO

Quiero hacer que te olvides de tu nombre
en mi cuarto en mis brazos
quiero amarte
quiero romper al fin
vencer tu piel
y meterme en tu sangre para siempre.
Quiero que hagamos uno
ser tú mismo
enseñarte una última caricia
envolverte cegarte
obedecerte.
Quiero hacerte gemir
quiero quebrarte
deshacerte de ti
anonadarte
que no sepas
no seas
que te entregues
que te olvides
que acabes
que te mueras.

(1958)

ME PREGUNTO

No pensarás a veces
no volverás los ojos
a aquel estante al libro
que volví a su lugar
a aquella mesa de café en Malvín
ya tarde
al aire libre
conmigo y los muchachos
o tal vez al café pajarería
de donde huí y dejé que me alcanzaras.
No te acordás
supongo
de mi puerta entreabriéndose
a las dos de la tarde
y tú con un sombrero
que por fin regresabas.
No te acordás
seguro
no sabés que una noche
te esperé y fue una noche
de amor
y no viniste
y fui feliz vagando por la casa
escuchando la escalera
esperándote.
Hubo también las noches

–torpe de mí
te odiaba–
en que llamabas
–dígame
cómo ordeno esta serie
es mejor esto o esto–
y esa otra en el suelo
con luna y mis retratos
tirados por ahí que todavía
tienen manchas de vino.
O la noche terrible en que tú estabas
llorando en el teléfono
nunca lloré decías
dejame ir decías
y yo mi amor mi amor
–te había echado
había muerto–
y yo mi amor
mi amor
y yo estaba con otro.

(23 de abril de 1965)

ADIÓS

Adiós
no quiero nada.
Adiós adiós. No puedo
repetir más los gestos
las palabras.
Adiós.
Ni siquiera tu vida aceptaría.
Menos esa difícil
sonrisa
que me muestras.

(29 de julio de 1960)

SUEÑO

Viento y cierzo
la esquina
de Colonia y Ejido.
Te casaste me dijo.
Te casaste le dije.
Tú ya no me querías.
No, ya no te quería.
Pero me deseabas.
No, ya no te deseaba.
Mentira dijo. Ves.
Y sacó de un estante
de detrás de los libros
un vaso de daiquiri
tan fresco parecía.
Yo estaba remendando
con extremo cuidado
la hoja de una Biblia.
Le dije no me toques
el brazo. Es importante.
Y ése no era mi cuarto.
Yo no tenía cuarto.
Un gato gris estaba
sobre la Biblia y yo
dije bueno qué importa.
Y pensé que podía haberle dicho
Sí. Un poco te quería.

Pero a quién. A ese gato.
Y me miré al espejo
y vi una flor violeta.

(julio de 1979)

EL AMOR

Un pájaro me canta
y yo le canto
me gorjea al oído
y le gorjeo
me hiere y yo le sangro
me destroza
lo quiebro
me deshace
lo rompo
me ayuda
lo levanto
lleno todo de paz
todo de guerra
todo de odio de amor
y desatado
gime su voz y gimo
río y ríe
y me mira y lo miro
me dice y yo le digo
y me ama y lo amo
–no se trata de amor
damos la vida–
y me pide y le pido
y me vence y lo venzo
y me acaba y lo acabo.

(1961)

QUIERO

Si acaso estás jugando
si llevaste el juego hasta ese punto
porque yo no aceptaba nada menos
bueno
juego
me gusta
sigo
quiero.
No podría jurar que yo hago más.

(1 de abril de 1968)

CASI TODAS LAS VECES

Conozco tu ternura
como la misma palma de mi mano.
A veces entre sueños la recuerdo
como si ya la hubiese perdido alguna vez.
Casi todas las noches
casi todas las veces que me duermo
en ese mismo instante
tú con tu grave abrazo me confinas
me rodeas
me envuelves en la tibia caverna de tu sueño
y apoyas mi cabeza sobre tu hombro.

(1969)

DESPUÉS

Es otra
acaso es otra
la que va recobrando
su pelo su vestido su manera
la que ahora retoma
su vertical su peso
y después de sesiones lujuriosas y tiernas
se sale por la puerta entera y pura
y no busca saber
no necesita
y no quiere saber
nada de nadie.

(c. 1952)

VERTE REÍR

Verte reír tocarte con las manos
vivir contigo un día un año tres semanas
compartir vida seria vida mansa contigo
encontrarte en la cama
vistiéndote en el cuarto
oliendo a alcohol fumando
sudando en el verano
o en el amor cerrando
tus ojos distraídos.

Y QUÉ

Tomo tu amor
y qué
te doy mi amor
y qué
tendremos tardes noches
embriagueces
veranos
todo el placer
toda la dicha
toda la ternura.
Y qué.
Siempre estará faltando
la honda mentira
el siempre.

(1961)

SUSURRAMOS

Susurramos
decimos
murmuramos
tibio blablá al oído
a los labios la piel el pelo
a
acariciandonós
con voces
con sílabas
con emes
con sonidos.

(Palacio Salvo, 1972)

EL ESPEJO

Dejá dejame hacer le dice
y cuando inclina
cuando va a hundir el rostro suavemente
en la dura pelambre
en la oscura maraña entreverada
sobre la piel tan pálida
ve el espejo es decir ve en el espejo
una cabeza rubia –no– dorada
el pelo blandamente recogido
en un lánguido moño como si
fueran la cara el cuello la cabeza
de alguna delicada bailarina.
El espejo mirá el espejo dijo
y arrodillada hundió por fin el rostro
y le dejó que él viera la cabeza
dorada hundiendosé en el vello negro
y su cuello doblándose
tan armoniosa tan hermosamente
dejó que él viera absorto enamorado
ese pedazo de su amor viviendo
encerrado en el óvalo de oro.

(1970)

SABÉS

Sabés
dijiste
nunca
nunca fui tan feliz como esta noche.
Nunca. Y me lo dijiste
en el mismo momento
en que yo decidía no decirte
sabés
seguramente me engaño
pero creo
pero ésta me parece
la noche más hermosa de mi vida.

(La Habana, 1968)

PARA DECIRLO DE ALGUNA MANERA

Removemos arenas por el fondo
un pez escapa un pez cimbreante y fúlgido
y huidizo se escapa pero aletea próximo
rozando un alga de oro.
El agua envuelve pesa ahoga o enardece
o sepulta.
Una ola levanta oscuramente
su delgada carrera fulgurante.
De pronto se retira. Algo se ahoga
algo va centellea fuga se hunde
reaparece. Un látigo de sombra
pega pasa retorna pega aún
se enrosca al cuello al pecho a la cintura
suena lánguido y limpio. Pasa y pega.
Pega y sombrea lento
y un sordo sol amargo rueda al fondo.
Entre cosas oscuras entre líquenes
entre formas babosas y vibrantes
un golpe y un susurro un golpe y un susurro
que se apaga y se borra. Un golpe y un susurro.
Una luna blandísima sube chorreando sombra
y una nube caliente se derrumba en lo oscuro.
Una brasa liviana se debate en el agua
lanza una pobre llama un dardo vacilante
una lengua triunfal
un tronco espléndido.

Una nube de cieno fosforece.
Y toda el agua roja
alienta muge lanza una vena violenta
un rayo de oro
y el mar entero silencioso espera
se repliega y espera
estalla suavemente.

(1969)

LA DICHA

Es la dicha
es la dicha
colmada
interminable
sucediendo sin prisa
con fervor
sin memoria
sin nada más
sin trabas
irrenunciable
absorta.
Es la dicha
y es una
la de los dos
y es grave
y es infinita y es
sin límites
total
eterna
mientras dura.

(c. 1960)

EL OJO

Qué pasa ahora
qué es este prodigio este
desplome de prodigios conmoviendo la noche.
Qué es esto preguntamos
qué es esto y hasta dónde.
El mundo cede vuelve
retrocede
se borra se derrumba se hunde
lejos
deja de ser.
Qué será de nosotros
qué es esto preguntamos recelosos
qué es.
Y sin embargo
sobre el sordo delirio sobre el fuego
de todo lo que quema y que se quema
en lo más implacable de la noche
en lo más ciego de la noche está
planeando sobre el colmo y la ceguera
un ojo frío y despiadado y neutro
que no entra en el juego
que no se engaña nunca
que se ríe.

(16 de junio de 1970)

SEIS

Entonces
todo se vino
y cuando vino
y
me quedé inmóvil
tú
tú te quedaste inmóvil
lo dejaste saltar
quejándote seis veces.
Seis.
Y no sabés qué hermoso.

(Palacio Salvo, 18 de noviembre de 1970)

POR QUÉ

Por qué
aún
de nuevo
vuelve el viejo dolor
me rompe el pecho
me parte en dos
me cubre de amargura.
Por qué
hoy
todavía.

(27 de diciembre de 1963)

NO ES ESO

Si te digo que lo que añoro no es eso
que un cuerpo vale otro cuerpo
que cualquier abrazo sirve
que no me acuerdo cómo era.

SUEÑO

Qué estás haciendo vos
gastado y destrozado
por todas las materias desgarrantes
el pelo encanecido
miope el ojo
repitiendo mi nombre siete veces
abrazado a mi espalda
como un náufrago.

(Las Toscas, 27 de febrero de 1976)

EL MUÑÓN

En lo hondo
olvidado
late intacto
el muñón
doliendo sordamente.

(Las Toscas, febrero de 1988)

BUSCAMOS

Buscamos
cada noche
con esfuerzo
entre tierras pesadas y asfixiantes
ese liviano pájaro de luz
que arde y se nos escapa
en un gemido.

(Palacio Salvo, 1982)

EL FUEGO

Sin él
aquí
sin él.
Su fuego susurrando.

(Las Toscas, 13 de junio de 1987)

LA METÁFORA

Quemame dije
y ordené quemame
y llevo llevaré
–y es para siempre–
esa marca
tu marca
esa metáfora.

(Madrid, 1989)

ANOCHE

Anoche entre mis sueños
puñado de cenizas
hice el amor contigo
sereno y exquisito
contigo que hace tanto
hace tanto estás muerto.

(21 de febrero de 1990)

DESPUÉS NO

Sedoso tronco suave
cosa amada
en el tiempo
en las horas
de amar y después no.
Después no.

(octubre de 1992)

NO HAY NADIE

No estoy
no esperes más
hace tiempo me he ido
no busques
no preguntes
no llames que no hay nadie.
Es una loca brisa de otros días
que gime
es un pañuelo al viento
que remeda señales.
No llames
no destroces tu mano
golpeando
no grites no preguntes
que no hay nadie
no hay nadie.

(30 de noviembre de 1963)

ADIÓS

Aquí
lejos
te borro.
Estás borrado.

(1968)

ÚLTIMA CARTA

Oh tú amor de mi vida
me había equivocado.
No eras tú no eras tú
o no eras más que tú
y yo te quise al otro.

Que fueras tú que fueras
que llevaras tu nombre
que vieras con tus ojos
y que me conocieras
ya me justificaba.

Qué voy a hacer ahora
con este amor con cartas
que escribí para quién
que haré ya con mi vida
con lo que soy con versos
que ahora me hacen gracia.

Pensé en dejarlo todo
pensé en abrir el gas
lamento que no sea
ya posible un convento.

Día a día me miro
te miro y me hace gracia

y pienso abrir el gas
y siempre lo postergo.

Pienso otras cosas pienso
que tal vez seas el otro
que quizás una noche
se rompa una corteza
que un milagro te entregue
y vea que eras tú
el que quise el que quiero.

(s.f., hallado en 1992)

SUEÑOS

Nada más que soñar
que soñarte
que ver
tu sombra en la pared
de los sueños y amarte
amarte aún de todas las maneras
más tristes.
Pero no.
Mucho menos
mucho menos o nada
o casi nada
que cualquiera limosna
sería suficiente.

(9 de febrero de 1995)

EL AMOR

Amor amor
jamás te apresaré
ya no sabré cómo eras.
No habré vivido un día
una noche de amor
una mañana
no conocí jamás
no tuve a nadie
nunca nadie se dio
nada fue mío
ni me borró del mundo con su soplo.
Lo que hubo fue dolor
lo solo que hubo
que fue colmado atestiguó fue cierto
pero dónde quedó
qué consta ahora.
Hoy el único rastro es un pañuelo
que alguien guarda olvidado
un pañuelo con sangre semen lágrimas
que se ha vuelto amarillo.
Eso es todo. El amor
dónde estuvo
cómo era
por qué entre tantas noches no hubo nunca
una noche un amor

un amor
una noche de amor
una palabra.

(1955)

POBRE MUNDO

I

POBRE MUNDO

Lo van a deshacer
va a volar en pedazos
al fin reventará como una pompa
o estallará glorioso
como una santabárbara
o más sencillamente
será borrado como
si una esponja mojada
borrara su lugar en el espacio.
Tal vez no lo consigan
tal vez van a limpiarlo.
Se le caerá la vida como una cabellera
y quedará rodando
como una esfera pura
estéril y mortal
o menos bellamente
andará por los cielos
pudriéndose despacio
como una llaga entera
como un muerto.

(Las Toscas, 1962)

CONSTANTE DESPEDIDA

Estos días
los otros
los de nubes tristísimas e inmóviles
olor a madreselvas
algún trueno a lo lejos.
Estos días
los otros
los de aire sonriente y lejanías
con un pájaro rojo en un alambre.
Estos días
los otros
este amor desgarrado por el mundo
esta diaria constante despedida.

(Las Toscas, 1963)

CADA TARDE

Cada tarde se cierra
hermosamente muere
y cada uno
¿cada uno?
admira la hermosura y sabe
¿sabe?
que es una más que muere
una más que se acaba
una más que se pierde
una más que ya nunca
una más
una menos.

(Las Toscas, 3 de abril de 1969)

TECHO DIVINO

Techo divino
sobre mí
en suspenso
luz temblor maravilla
que ya no es
que viene
de un pasado sin límites
y se está ahí
en suspenso
si palpitante
helado
si presente
pasado
como un techo divino
vivo y muerto.

VA RODANDO

Va rodando
rodando
fatal idiota y ciega.
Vamos rodando vamos
en un sueño
impotentes
fingiéndonos destinos.
Vamos rodando y nunca
sabremos
ni siquiera
tendremos una idea
puntos de referencia.

MAR

Lo miro con horror
tendrá su estroncio
como la leche que tomó la niña
como el pan que corté para mi hermano
cada vez más estroncio
como el agua de lluvia
como las frutas como
mis limpias ensaladas.
Tendrá su estroncio
sí
no puede no tenerlo
y está ahí hermoso y grave
como hace cuántos siglos
fingiendo que es el mismo
que es purísima sal
que el único peligro
es algún remolino.

(Las Toscas, 1962)

EN ESTA MISMA TARDE

Un charrúa aquí mismo
en este sitio
mira acabar la tarde de verano
el achatado sol
la arena rosa
la larga nube blanca
el aire verde
y la negrura
que alimentan los cielos
misteriosa.
Aquí
hoy
aquí mismo
en esta misma tarde que se acaba.

(Las Toscas, 1954)

EL LETEO ERA UN MAR

El leteo era un mar
como este otro
un agua helada y fuerte
que batía
que golpeaba su fuerza
y su frescura
contra la pisoteada alfombra
que traían los hombres.
Que le traigo.

(Las Toscas, 1954)

YO LA VI

Yo la vi que caía
enorme
hecha de luz
de jirones de luz
y piedras de agua.
Yo la vi y en lo oscuro
me quedé espiando como
si me fuera la vida en ver su muerte.
Cuando tocó los pinos
cuando se hundía ya
vi cómo se apagaba
vi su muerte perfecta
y ese instante me dio puede decirse
felicidad sin tacha.
Pero asomó enseguida la cabeza
e hizo horribles señales
arrojó chispas gritos
rayos desesperados
y tristes y violetas
y vomitó pedazos de luz y babas de oro
y alguna rota lágrima de plata
como si fuera el fin
como si ya no fuera a haber mañana
como si hubiera sido
–adiós adiós adiós–
como si este

–adiós–
hubiera sido el último
atardecer del mundo.

(Las Toscas, 24 de febrero de 1965 - 6 de septiembre de 1965)

EN EL CENTRO DEL MUNDO

En el centro del mundo
el centro de la noche
bajo el cielo sin fin
sobre mí desplegado
inmóvil entre el caldo
tibio espeso del aire.
Áspero olor a pinos
la voz clara lejana
de un pájaro
una niña
un relámpago blanco
y silencioso
y yo
que me quedé sin nombre
y sin mí y sin sentido
nadie
alguien
en cero.
Fue un momento
un momento
en el centro del mundo.

(Las Toscas, agosto de 1962)

SUEÑO

Un caminito entre arbustos
solitario
¿peligroso?
al borde
¿al borde?
al final de una playa
de un lugar que no conozco
¿que temo?
Blanca blanca la arena
verde el verde
el aire quieto
y yo en tanto
¿perdida?
entre lo verde pisando
ese claro ¿ese camino?
tibio solo verde quieto
¿peligroso?

(Las Toscas, 1970)

POR ALLÁ ESTARÁ EL MAR

Por allá estará el mar
el que voy a comprarme
que veré para siempre
que aullará llamará
extenderá las manos
se hará el manso el hermoso
el triste el olvidado
el azul el profundo
el eterno el eterno
mientras los días se vayan
la vida se me canse
el cuerpo se me acabe
las manos se me sequen
el amor se me olvide
frente a su luz
su amor
su belleza
su canto.

(Las Toscas, 1958)

VUELO CIEGO

Vamos andando vamos
rodando deslizándonos
girando finamente
en una grave danza condenada.
Vamos riendo vamos
peleando haciendo nudos
completamente locos
olvidando olvidados
de que es un vuelo ciego
y vano y espantoso
sin vasos cigarrillos ni amables azafatas.
Cómo no se oyen gritos de socorro
no suben como un vaho los aullidos
de tantos condenados
cómo no están llorando por todos los rincones
muriéndose de miedo.
Cómo pueden vivir pelear reírse
mientras vértigo
danza
vuelo fatal y ciego
vamos por los espacios
por esa extraña noche
dando vueltas
cayendo
dibujando las últimas volutas
de una espiral terrible.

(Las Toscas, 7, 8 o 9 de febrero, 1964)

HAY POR QUÉ

No hay por qué odiar los tangos
ni el mar
ni las hormigas
no hay por qué abominar de la sonrisa
del sol
de los mandados
de los torpes cuidados de los hombres
no hay por qué estar asqueado de los diarios
de los informativos de la radio
de las concentraciones.
O hay por qué.
Hay.
Si habrá.
Vaya si habrá.
Sí. Pero.
Pero no hay que.
Supongo.

(26 de julio de 1972)

PERO QUÉ

Uno se envuelve
uno se rodea
–arbolitos que crecen a ojos vistas
una lámpara
nombres
circunstancias
obligaciones
libros
los amigos–
pero qué cuando solos
pero qué cuando abriendo los ojos
en lo oscuro
nos sentimos rodando con la tierra
despojados de todo
hasta del nombre
sin destino
sin nadie
hacia la nada.

ESA ESTRELLA

Esa estrella qué quiere.
Se ha puesto en mi ventana
casi a la altura misma de mis ojos
y se está allí latiendo
o haciendo señas
o no sé
mirando
dejando que la vea
enorme como un puño
un puñado de luz
sobre la sombra suave de los pinos.
La miro con rencor.
Yo estoy aquí leyendo
un hermoso trabajo
sobre la Alegoría
y esa estrella alentando
jadeando en mi ventana
me instala de repente
en medio de la noche terrible del espacio
del espacio el abismo el infinito
como se quiera pero
me despoja y me deja
vagabundeando a ciegas
vagabundeando no
ah no
arrastrada

en una acelerada inmóvil pura
respiración de hielo.
Arrastrada llevada
sobre esta chispa cálida
y sucia y alocada
que silba por lo oscuro
lanzada como un jet
a la nada a la nada.
Y yo
pobre de mí
leyendo Alegoría.

(6 de septiembre de 1965)

LEJOS

Dentro del cuarto seco
ocre
callado
tan lejos ya del mar
de su latido
de su gusto salobre
su amatista.

(julio de 1990)

LA CASA EL MAR LA TIERRA

La casa
el mar
la tierra
y ese sol para siempre.
La casa
el mar
la tierra
y ese sol al fin nova.

(1983)

ME VOY A MORIR

Me voy a morir
me voy a morir
devoro la sombra
los lampos el último
filo de oro el último
rosa con amor
sabiendo mirándolos
con el desapego
del que está de paso
sabiendo viviendo
la muerte que pronto
me quitará ojos
para verlo olfato
para respirarlo
me quitará a mí
a mí de mi sitio.
Por eso lo miro
poniendo los ojos
la piel el amor
la horrible tristeza
y ese desapego
porque estoy de paso.

(Las Toscas, 5 de diciembre de 1962)

II

EN LA NOCHE DE LUNA

En medio de esta enorme noche blanca
entre pinares médanos y luna
–hoy llegaron los hombres a la luna–
frente al mar que otra vez acuesta su ola
formidable en la playa abandonada
–hay miedo en Almería dice el diario
no encontraron aún las bombas hache
caídas en su mar por accidente–
en el silencio blanco y estruendoso
de esta soledad plena y una y pura
–ochocientos vietcongs muertos anoche
hambre en la India hambre en el Brasil–
en la melancolía y la belleza
de la noche de luna entre los pinos
con la luna ocupada y el miedo en Almería
y la aldea arrasada y con el hambre.

(Las Toscas, 1970)

LA ISLA

A Jorge Salerno

Un círculo de odio y de basura
cerca la isla donde
en vos se muere una vez más el hombre
entero y puro
y solo
y mira y deja y hace que te mueras
mientras cada vez menos va latiendo
la corta dulce vida que se escapa
la tibia vida que se bebe el suelo.
Un pobre sucio triste río de odio
te rodea y te deja morir solo.
Pero no
pero tú no te estás muriendo solo
tú
los otros él tú
los muertos solos
arropados de amor de pena están
muriéndose en nosotros para siempre.

(agosto de 1970)

SÓLO PARA DECIRLO

Qué hijos de una tal por cual
qué bestias
cómo decirlo de otro modo
cómo
qué dedo acusador es suficiente
qué anatema
qué llanto
qué palabra que no sea un insulto
serviría
no para conmoverlos
ni para convencerlos
ni para detenerlos.
Sólo para decirlo.

(1970)

A GUATEMALA

Estabas en tu casa
eras una muchacha
moderna joven pura
arreglándote el pelo.
Eras para nosotros
los sudamericanos
vegetantes y muertos
la hermana que se lanza a la vida
la valiente
la de nuevo destino.
Y viéndote reír
las otras
las hermanas marchitas y sin sueños
se miraban en ti
cobraban fuerzas
y volvían a muertos ideales.
Pero no podía ser
y todos lo sabían.
Te siguieron de noche
te empujaron a un viejo
callejón sin salida
te golpearon la boca
te ataron y encerraron
qué digo
no te ataron
te tienen de sirvienta

sí señor sí señor
te pagan bien es claro
y a lavar pisos y a poner la mesa
para que coman otros
y a lustrar los zapatos
y a lustrar los zapatos
como si
siempre en la vida hubieras hecho eso
como si
nunca hubieras tenido otro destino
como si
no supieran que fuiste una paloma.
Y las pobres hermanas
marchitas y sin sueños
se dicen qué locura eran locuras
eran locuras sí. Nuestro destino
es decir sí señor
lavar los platos
sí señor sí señor
poner la mesa
para que coman otros
sí señor sí señor
zurcir las medias y lavar los platos
sí señor sí señor
sí señor sí señor
y lustrar los zapatos
y lustrar los zapatos

(Estocolmo, 1954)

PLAYA GIRÓN

Siempre habrá alguna bota sobre el sueño
efímero del hombre
una bota de fuerza y sinrazón
pronta a golpear
dispuesta a ensangrentarse.
Cada vez que los hombres se incorporan
cada vez que reclaman lo que es suyo
o que buscan ser hombres solamente
cada vez que la hora de la verdad la hora
de la justicia suenan
la bota pega rompe ensucia aplasta
deshace la esperanza la ilusión
de simple dicha humana para todos
porque tiene otros fines como Dios
como dicen los curas que su dios
tiene otros altos fines misteriosos
otros planes en que entran Hiroshima
España Argelia Hungría y todo el resto
en que entran la injusticia la opresión
el abandono el hambre el frío el miedo
la explotación la muerte
todo el horror todo el dolor del hombre.
Va cambiando de pies según el oro
según la fuerza y el poder se mudan

pero siempre habrá alguna
a veces más de una
pisoteando los sueños de los hombres.

(1961)

DIGO QUE NO MURIÓ

Digo que no murió
yo no lo creo
–no lo dejaron ver por el hermano
y lo dieron por muerto tantas veces–
y además
cómo morirse el Che
cuando quedaba
tanta tarea por hacer
cuando tenía
que recorrer la América Latina
hermoso como un rayo
incendiándola
como un rayo de amor
destruyendo y creando
destruyendo y creando como en Cuba.
Qué iba a morirse el Che
qué va a morirse.
Pero esa foto atroz
aquella bota
cómo partía el alma aquella bota
la sucia bota y norteamericana
señalando la herida con desprecio.
No hay que creerlo. Hubo
tantas contradicciones
y lo dieron por muerto tantas veces.
Qué iba a morirse el Che.

Él nada menos
se iba a dejar cercar en ese valle
iba a salir a un claro
iba a quedarse
a estarse allí
a dejar
que le rompa las piernas la metralla.
Yo no voy a creerlo
aunque lo llore Cuba
aunque haga duelo
toda Latinoamérica.
No hay que creerlo. Un día
un buen día dirán está en Brasil
o se alzará en Colombia o Venezuela
a ayudar
a ayudarnos
y ese día
una ola de amor americano
moverá el continente
alzará al Che de América.
No creo que murió
no puedo creerlo
y no voy a creerlo
aunque lo afirme el mismo Fidel Castro.
Pero amigos
hermanos
no olvidarse
no olvidar nunca el rostro despreciado
el corazón más sucio que esa bota
ni la mano vendida
acordarse del rostro
de la mano

acordarse del nombre
hasta que llegue el día
y cuando llegue
cuando suene la hora
acordarse del nombre y de la cara
de ese teniente Prado.

(1967)

AGRADECIMIENTO

Esto, que de poema tiene sólo la forma, es un agradecimiento a quienes nos están enviando folletos con las fotos de los cadáveres de los guerrilleros muertos en Bolivia, enmarcadas, eso sí, por textos falaces y torpes que, como siempre, como hacen en Vietnam a cada rato, erran el blanco (1968).

Agradezco
agradezco de verdad
de todo corazón
esos pobres retratos de sus muertes queridas
sus muertes por nosotros
que hasta el día de hoy no habían tenido
sino un rostro
el del Che.
Agradezco
agradezco y si pudiera
retribuir con creces
si yo también tuviera
semejantes servicios de información
con gusto
más
con feroz pasión prepararía
algo más que un folleto
para retribuir
prepararía un álbum
con las fotos de veinte mil muchachos
también agujereados también rotos

también quemados
muertos
mientras los ocupaban en destruir Vietnam
que por allá se pudren.
Sí.
Uno está vivo
vivo
y algún día se muere
y
luego se pudre.
Y qué.
También el lindo Kennedy
y el pobre pastor King
sin que nunca hayan hecho la guerrilla.
Hay algunos
hay muchos
que mueren en la cama
–no veo la ventaja–
pero por conseguirlo
hay quienes por la vida
van meneando la cola hasta arrancársela.
Otros
si nacen negros y en Estados Unidos
o en países así
a veces son matados como perros
y también quedan por ahí tirados.
Si por acaso se nació en Vietnam
es posible morir ametrallado
asfixiado pateado
tajeado contagiado retorcido
asado envenenado destrozado
por los occidentales y cristianos

por los occidentales y cristianos
por los cristianos digo.
Si tienen más fotografías
y no es mucha molestia
por favor les pedimos
no dejen de enviarlas.
Nadie se asusta de una muerte al sol
cuando se da la vida por un sueño.
Aquí en el Uruguay
los venerados héroes
anduvieron también por las cuchillas
y dejaron sus huesos por ahí.
Y el que hoy va a la guerrilla en Sud América
no va como ese chico de Khe Sanh
que quería comprarse un grabador.
Y el pobre bestia se alquiló tan sólo
por cobrar unos dólares de más.
Pero Señores
esto es otra cosa.
Cómo no lo aprendieron en Vietnam.
Esto se llama libertad o muerte
y para muchos ésa
no es una linda frase y nada más
es Libertad o Muerte
y lo de libertad va contra ustedes
lo de muerte también va contra ustedes.
Y hay quienes por cumplirlo
van a la muerte.
Y qué.
Y hay además de ustedes
mercenarios
cipayos

vendepatrias
sicarios y malinches
y hay imbéciles
que también son el blanco de esa frase
que también tienen por opción la muerte.
Y hay –Señores–
seguro
quién lo duda
hay que elegir con decisión porque hay
dos vidas y dos muertes posibles
y porque hay
diferentes maneras de pudrirse.
Y ustedes
sin quererlo
ayudan a elegir en todo el mundo.
Gracias por todo. Libertad o muerte.

(1968)

A RENÉ ZAVALETA

Por qué no volará en cien mil pedazos
esta escoria volante este puñado
de tierra y de dolor
aire y basura
si no habrá nunca paz
si no habrá nunca
una pura jornada de alegría.
A qué seguir rodando
tironeando de todo
ensuciando el planeta
y respirando junto con el aire
los aullidos de media humanidad
que no deja de aullar hasta la muerte
que no deja vivir porque entre aullidos
tenemos que comer
los que comemos
lavarnos la piel suave
los bañados
y leer poesía los leídos.
Eso es todo. O poco más.
Muy poco.
Atrapar retener lo que se pueda
lo que nos den de amor o lo que sea
mejores dividendos
televisores autos o fusiles

con mira telescópica
el renombre
el poder.
Es muy poco. No paga
la amargura el estorbo la molestia
de tantas privaciones
el silencio imposible
la soledad imposible
o la dicha imposible.
Por qué no volará en cien mil pedazos.
Si no habrá nunca paz
si lo obligado
lo que puede limpiarnos la conciencia
es salir a matar
limpiar el mundo
darlo vuelta
rehacerlo.
Y tal vez y tal vez
y tal vez para nada
tal vez para que a poco
vuelvan los puros a emporcarlo todo
a oprimir a vender
a aprovecharse
acorralandonós
cerrando las salidas.
Tal vez para que antes
de morir nos sintamos obligados
una vez más a oír
a levantarnos
otra vez otra vez
a hacernos cargo
y tengamos una vez más

de nuevo
que salir de limpieza.
Por qué no volará en cien mil pedazos.

POR FIN

A Nicaragua

Di un puñetazo
dos
en la pared.
No pude respirar por un momento.
Dije una palabrota.
Dije otra.
Y al fin enmudecí
y al fin me quedé inmóvil contra un marco
tratando de vivir
de respirar
y me dije
por fin
dios
sucedió
por fin
hoy
diecinueve
del mes de julio del setenta y nueve.

(19 de julio de 1979)

CON LOS BRAZOS ATADOS

Con los brazos atados a la espalda
un hombre
un hombre feo y joven
un rostro algo vacío
con los brazos atados a la espalda
lo hundían en el agua de aquel río
–un rato nada más
lo estaban torturando no matándolo–
con los brazos atados a la espalda.
No hablaba y lo pateaban en el vientre
con los brazos atados lo pateaban
le pateaban el vientre los testículos
se arrollaba en el suelo
lo pateaban.
Ahora mismo
hoy
lo están pateando.

(13 de agosto de 1969)

POETAS

A UN RETRATO DE CHARLES BAUDELAIRE

También tú
hijo de perra
también tú te moriste
como yo estoy viviendo
solo solo en el mundo
sin nada
abandonado
a tu pobre armazón
a tu mentida hechura.
Mendigo
pobre hombre
orgulloso de nada
empecinado imbécil
estirando la mano.
Ahí estás solo solo
hijo de perra
solo
pero aún estás pidiendo
con la mano escondida
tras la pupila fiera.

(13 de mayo de 1955)

L.V.

Ahí estabas
estás
estarás siempre
mirando qué
inmóvil
distraído.
Siempre.
Mientras yo esté.

A UN POETA

Pobre Rubén creíste
en todas esas cosas
gloria sexo poesía
a veces en América
y después te moriste
y ahí estás muerto
muerto.
Pobre pobre Rubén
te rodeaste de mitos
de cisnes de Parises y de Grecias
de cargos y de deudas
de amigos sinvergüenzas.
Te engañaron te hicieron
el cuento te robaron
te robaron Rubén
–mira que fuiste tonto–
o bien no te pagaban
aunque a veces tú mismo
derrochaste tus pesos
con la embriaguez de un niño.
Y escribiste bobadas
por encargo por juego
y hasta por compromiso.
Mira que fuiste tonto
casarte con Rosario
andar con presidentes

alternar con snobs
caer con cualquier pícaro.
No puedo respetarte
y ni siquiera ver
de dónde te brotaban
tus versos tus palabras
tu tremendo lirismo
tu canto tu increíble
belleza tu poesía.
No sé Rubén no sé
no sé pero brotaba
–ritmo canción tormenta
río apacible sangre
dulce oscura que mana–.
No sé. Acaso del pobre
corazón arrancado
–eso dicen–
o del pobre cerebro
que después disputaron
–eso dicen–
a punta de revólver.
No sé no sé Rubén
no sé pero qué hermosa
a veces tu poesía
qué grande qué valiente
o qué honda qué humana
a veces tu poesía.
Vaya a saber. Tal vez
tú mismo no supieras.

(La Habana, 1966, leído en el Encuentro
con Rubén Darío, en Casa de las Américas)

NO

1

Ni con delicadeza
ni con cuidado.
Acaso
tiene delicadeza
vivir
romperse el alma.

(1951)

2

Uno siempre está solo
pero
a veces
está más solo.

(1 de octubre de 1969)

3

Podés creer que nada
le sirve nunca
a nadie
para nada.

(1971)

4

Quiénes somos
qué pasa
qué extraña historia es ésta
por qué la soportamos
si es a nuestra costa
por qué nos soportamos
por qué hacemos el juego.

(1971)

5

Alzar los ojos
al misterio abismal de las estrellas
que será a no dudarlo
algo tan sucio
tan mezquino y tan sucio
como esto.

(1980)

6

Noche de soledad
de oscuridad
de noche.
Nada de más
de menos.
Sólo lo justo
eso
lo perfecto
la noche.

(9 de agosto de 1986)

7

Cómo olvidarse cómo
desalojar el crudo
recuerdo de la muerte
esa desgarradora memoria
esa herida.
Si es el precio increíble
el altísimo orgullo.

(15 de febrero de 1963)

8

Es mentira.
Sin duda.
Pero qué
pero cómo
pero de qué otro modo
con qué cara
seguir vivo
seguir.

(22 de agosto de 1971)

9

Tuve que ir
sin dudas
sin reproches
sin asco
y entregada
sin nombre
ya sin mí
ya sin nada
poner de buena gana
la cabeza en el tajo.

(12 de mayo de 1980)

10

Decir no
decir no
atarme al mástil
pero
deseando que el viento lo voltee
que la sirena suba y con los dientes
corte las cuerdas y me arrastre al fon-
do
diciendo no no no
pero siguiéndola.

(1968)

11

La vergüenza
el bochorno
de no tener excusas
porque esto esto
maldita sea
esto
es gratuito
gratuito.

(18 de septiembre de 1980)

12

Por ahora
en lo oscuro
como un perro despierto.
Por ahora.
Después
igual
sin mí
seguirá hacia su fin
la larga historia.

(19 de enero de 1977)

13

La noche más callada
la más quieta
más desplomada entera sobre mí.

(12 de diciembre de 1989)

14

Sólo esperar que caigan
que se gasten
que pasen
los días
los minutos
los segundos que quedan.

(1 de febrero de 1991)

15

Cada mirada se hurta
cada boca enmudece
cada párpado cae
cada estrella caduca.

(mayo de 1989)

16

Qué asco
qué vergüenza
este animal ansioso
apegado a la vida.

(5 de junio de 1962)

17

Hablando
respirando
soportando
tomándose el trabajo.

(1 de febrero de 1991)

18

Confuso sedimento
sobras
restos
desechos
basura acumulada de los días.

(Las Toscas, 24 de junio de 1975)

19

Alguno de estos días
se acabarán las bromas
y todo eso
esa farsa
esa juguetería
las marionetas sucias
los payasos
habrán sido la vida.

(1963)

20

Si los libros no importan
si los otros no importan
si tú si yo no importan
si la dicha no importa
si la vida no importa.

(marzo o abril de 1962)

21

Ojos
sos todo ojos
que se van a morir
se están muriendo.
Tus ojos
tus antenas
tus dulces aparatos.

(1964)

22

Si te murieras tú
y se murieran ellos
y me muriera yo
y el perro
qué limpieza.

(Las Toscas, 1 de julio de 1975)

23

Si solos
qué
estemos solos.
Estemos solos
pues
dejémonos de cosas.

(Las Toscas, 9 de abril de 1983)

24

Y diré que estoy triste
qué otra cosa decir
nada más
que estoy triste.
Estoy triste.
Eso es todo.

(20 de octubre de 1995)

25

Estoy
y arrecia el viento
y truena
y llueve
y canta el mar
y estoy aquí
nadie
sin nadie.

(17 de octubre de 1970)

26

Quiero morir. No quiero
oír ya más campanas.
Campanas –qué metáfora–
o cantos de sirena
o cuentos de hadas
cuentos del tío –vamos–.
Simplemente no quiero
no quiero oír más nada.

(14 de julio de 1975)

27

Qué gran cosa la vida
qué gran cosa qué don
qué carga qué viaje
de arena gruesa qué
roca de Sisifó
por emplear alguna
aunque mal acentuada
–la métrica la métrica–
metáfora elegante.

(13 de abril de 1988)

28

Ya no tengo
no quiero
tener ya más preguntas
ya no tengo
no quiero
tener ya más respuestas.
Tendría que sentarme en un banquito
y esperar que termine.

(2000)

29

Que no sirve para nada
ni tiene pies ni cabeza
que no quiero
que no acepto
y que no hay obligación
y qué me importa.

(3 de marzo de 1972)

30

El reloj

Nada dice el violín
nada la flauta
nada las lanzaderas
rumorosas del agua
ni el mar sonando entero
ni el viento por las ramas.
Tampoco esas porfiadas
patitas sin sosiego
que hace tanto
hace tanto
pisotean el tiempo.

(2 de mayo de 1973)

31

Sin arriba ni abajo
sin comienzo ni fin
sin este y sin oeste
sin lados ni costados
y sin centro
sin centro.

32

Qué horror
si hubiera dios
y si esas dos estrellas
pequeñas parpadeantes y gemelas
fueran los dos ojitos
mezquinos
acechantes
malévolos
de dios.

(Las Toscas, 8 de abril de 1964)

33

La piedra azul
luciente
reluciente del mar
el velo rosa cárdeno
del horizonte limpio
y la masa siniestra de los pinos.

(1970)

34

No sé quién soy.
Mi nombre
ya no me dice nada.
No sé qué estoy haciendo.
Nada tiene que ver ya más
con nada.
Tampoco yo
tengo que ver con nada.
Digo yo
por decirlo de algún modo.

(8 de abril de 1962)

35

Yo

Yo quiero
yo no quiero
yo aguanto
yo me olvido
yo digo no
yo niego
yo digo será inútil
yo dejo
yo desisto
yo quisiera morirme
yo yo yo
yo.
Qué es eso.

(Las Toscas, septiembre de 1969)

36

Se cerraron las puertas
sin ruido se cerraron
sonaron las trompetas
o sólo un bocinazo
y nos quedamos fuera
arañando sin fuerzas
dando débiles golpes
con las frágiles uñas doloridas.

(3 de julio de 1975)

37

En el fondo del pozo
oliendo el agua sucia
los miasmas nauseabundos
con la cara pegada
a las últimas heces
sin más remedio que
comerse la resaca
que dejó al retirarse
la espléndida marea.

(2 de febrero de 1975)

38

La miel amarga
el cielo blanco
el mar asqueante
el perro
desgarrándome el cuello
y tú
un hacha en la mano
amenazándome.

(14 de junio de 1974)

39

Me cortan las dos manos
los dos brazos
las piernas
me cortan la cabeza.
Que me encuentren.

(c. 1964)

40

La metamorfosis

Entonces soy los pinos
soy la arena caliente
soy una brisa suave
un pájaro liviano delirando en el aire
o soy la mar golpeando de noche
soy la noche.
Entonces no soy nadie.

(enero de 1964)

41

Aquel carozo
donde
pujó el árbol entero
ramas hojas y pájaros
gastó
consumió en ellos
su tierno corazón.

(8 de septiembre de 1988)

42

Llueve a cántaros
llueve
tantos años
que llueve
que en la habitación triste
sin luz
escucho
miro.

(1985)

43

Como un jazmín liviano
que cae sosteniéndose en el aire
que cae cae
cae.
Y qué va a hacer.

(9 de mayo de 1970)

44

Como un perro que aúlla interminable
que aúlla inconsolable
a la luna
a la muerte
a su tan breve vida.
Como un perro.

(septiembre u octubre de 1966)

45

Como el que desvelado
a eso de las cuatro
mira con ojos tristes
a su amante que duerme
descifrando la vieja eterna estafa.

(9 de mayo 1970)

46

Como aquel que se saca los zapatos y suspira
y se deja caer con ropa y todo
y sin mirar
sin ver
fija en el techo
anchos ojos vacíos.

(10 de mayo de 1970)

47

Como un disco acabado
que gira y gira y gira
ya sin música
empecinado y mudo
y olvidado.
Bueno
así.

(septiembre u octubre de 1966)

48

Cómo aceptar la falta
de savia
de perfume
de agua
de aire.
Cómo.

(1968)

49

Uno vive
con los muertos
que están ahí
con los sufrientes vive
y con los despistados
y con los presos
vive.

(3 de octubre de 1970)

50

Pasa se va se pierde
no se detiene
fluye
mana incansablemente
se escapa de las manos
corre vuela a su fin
se desliza
se apaga
se aniquila
se extingue
se deshace
se acaba.

(1961)

51

Epitafio

No abusar de palabras
no prestarle
demasiada atención.
Fue simplemente que
la cosa se acabó.
¿Yo me acabé?
Una fuerza
una pasión honesta y unas ganas
unas vulgares ganas
de seguir.
Fue simplemente eso.

(1964)

52

Silba y silba
hilo de oro
¿de plata?
silba y silba.
Y los oros la luz
y el sol se van
se van.
Silba feliz.
No sabe.

(1983)

53

Negro licor.
No.
Barro.

(1983)

54

Tanto da
o da tan poco.
Ni me va
ni me viene.

(agosto de 1993)

55

Qué queda
dos tres años
cuatro cinco
no más.
Y eso habrá sido
todo.

(2 de diciembre de 1985)

56

Este papel mi vida

Olvidado
no leído
no abierto
estrujado y al fuego
fugaz incandescencia.

(20 de febrero de 1994)

57

Tanto que estuve amando
tanto tiempo
tanto que amé
que tuve
y que ya dejo
porque este mundo mío
ya no es mío
porque ahora abandono
y resigno
y me voy
y doy la espalda.

(14 de enero de 1990)

58

Inútil decir más.
Nombrar alcanza.

ÍNDICE

LA SUPLICANTE

CIELO CIELO

PARAÍSO PERDIDO

POR AIRE SUCIO

NOCTURNOS

POEMAS DE AMOR

POBRE MUNDO

I

II

POETAS

NO

POESÍA

José Carlos Llop	171.	*La avenida de la luz*
Stephen Spender	172.	*Ausencia presente y otros poemas*
Idea Vilariño	173.	*Poesía completa*
H. D.	174.	*Trilogía*
Wallace Stevens	175.	*La roca*
Edgardo Dobry	176.	*Cosas*
William Carlos Williams	177.	*Viaje al amor*
José Agustín Goytisolo	178.	*Poesía completa*
AA. VV.	179.	*La isla tuerta*
John Ashbery	180.	*Un país mundano*
Wallace Stevens	181.	*Poemas tardíos*
Ted Hughes	182.	*Gaudete*
Marianne Moore	183.	*Poesía completa*
William Carlos Williams	184.	*La música del desierto y otros poemas*
Federico García Lorca	185.	*Diván del Tamarit / Sonetos del amor oscuro*
Pedro Salinas	186.	*Poemas de amor*
Ramón Andrés	187.	*Los extremos*
Andrés Sánchez Robayna	188.	*Cuaderno de las islas*
Jorge Luis Borges	189.	*Poesía completa*
José Carlos Llop	190.	*Cuando acaba septiembre*
Wallace Stevens	191.	*Ideas de orden*
William Wordsworth	192.	*«La abadía de Tintern» y otros poemas*

Friedrich Hölderin 193. *Poemas*
Zbigniew Herbert 194. *Poesía completa*
John Burnside 195. *Dones*
Luis Izquierdo 196. *La piel de los días*
Michael Hamburger 197. *La vida y el arte*
Ted Hughes 198. *Cartas de cumpleaños*
R. Ammons 199. *Basura y otros poemas*
Varios autores 200. *Amor de muchos días*
Philip Larkin 201. *Poesía reunida*
T. S. Eliot 202. *La tierra baldía*
Leonard Cohen 203. *Libro del anhelo*
Gil de Biedma 204. *Las personas del verbo*
Carlos Barral 205. *Usuras y figuraciones*
Idea Vilariño 206. *Poesía completa*
Raúl Zurita 207. *Tu vida rompiéndose*
Ramón Andrés 208. *Poesía reunida. Aforismos*
Piedad Bonnett 209. *Poesía reunida*
Alejandra Pizarnik 210. *Poesía completa*
T. S. Eliot 211. *Cuatro cuartetos*
William Carlos Williams 212. *Poesía reunida*
Leonard Cohen 213. *Libro del anhelo*
Vicente Aleixandre 214. *Poesía completa*
Nicanor Parra 215. *El último apaga la luz*
Wallace Stevens 216. *Poesía reunida*
Gabriela Mistral 217. *Las renegadas*
Darío Jaramillo 218. *Poesía selecta*
Raúl Zurita 219. *La vida nueva*
Geoffrey Hill 220. *Poesía reunida*
Edna St. Vincent Millay 221. *Antología poética*
San Juan de la Cruz 222. *Cántico espiritual*

Este libro
acabó de imprimirse
en Barcelona
en octubre de 2023